中华文明突出特性阐释丛书

张志强　主编

多元一体
中华文明突出的统一性

龙涌霖　著

浙江古籍出版社

"中华文明突出特性阐释丛书"编委会

主　　编：张志强

编委成员（按姓氏笔画排序）：

　　王旭斌　龙涌霖　任蜜林　刘　丰

　　孙海科　胡海忠　程为民　傅　正

本册著者：龙涌霖

总 序

2023年6月2日，习近平总书记考察中国社会科学院中国历史研究院，并在文化传承发展座谈会上发表重要讲话。这是一篇具有里程碑意义的讲话，充满理论力量和学术含量。习近平总书记在讲话中发出了在新的历史起点上建设文化强国、建设中华民族现代文明的号召，为推进中国特色社会主义文化建设提供了科学指引和行动指南。

在讲话中，习近平总书记对"第二个结合"进行了系统论述，标志着习近平总书记关于文化建设的理论思考已经成熟，在一定意义上也标志着习近平文化思想的形成。在讲话中，习近平总书记提出了中华文明"五个突出特性"，深刻把握中华文明的突出特性，是实现"第二个结合"的前提。习近平总书记指出，"只有立足波澜壮阔的中华五千多年文明史，才能真正理解中国道路的历史必然、文化内涵与独特优势"，因此，中华文明"五个突出特性"的提出，也标志着习近平总书记关于中华文明发展规律的认识已经成熟，标志着在中华文明发展规律基础上开辟和发展中国特色社会主义道路的规律性认识已经成熟。

中华文明突出特性构成了中华文明发展规律的内涵。把握中华文明发展规律，深刻理解中国道路的历史必然、文化内涵与独特优势，是建设中华民族现代文明的必要前提。中华民族现代文明是继承和发展中华文明突出特性的产物，也是中国共产党领导中国人民对中华文明突出特性进行创造性转化和创新性发展的现代形态。

中华文明"五个突出特性"的提出，回答了关于中华文明发展的规律性问题，驳斥了关于中华文明的种种错误认识，重建了中华文明历史的整体叙事，揭示了中国所以为中国的内在道理。

中华文明突出的连续性，包含着一种深刻的历史观。这种历史观是从过去现在未来的连续整体出发，把历史理解为文明实践的总体性。从历史实践的内在视野出发，将文明理解为一个文化生命体的有机生长进程。5000多年中华文明史尽管经历过曲折困顿，但中华文明始终能够承敝通变，穷变通久，以通古今的方式究天人，以深刻的历史主动性精神不断将中华文明历史贯通下去。在中华文明的通史精神中蕴含着中华文明连续性的奥秘。中华文明的连续性表明，所有对中国历史的断裂性解释都是不符合中国实际的认识。

中华文明突出的创新性，包含着一种深刻的革命观。这种革命观是对天道自我更化能力的说明，是积极面对变革、主动谋求变革的历史主动精神的体现。这种革命观是连续性的动力和根据，也是使得变化能够成就发展的内在要求。中华文明的连续性和创新性互为表里，成为中华文明发展的内在规律。中华文明的创新性表明，所有关于中国没有历史的停滞性解释都是不符合中国实际的认识。

中华文明突出的统一性，包含着一种深刻的世界观。这种世界观是从天下一家的视野出发，从团结凝聚的大一统传统出发，将不同地域不同族群的天下人，在面对共同危机中凝聚为一个多元一体的命运共同体，贯穿其中的是天下为公的共同价值。中华民族共同体的形成历史就是人类命运共同体的典范。中华文明的统一性表明，所有把大一统解释为僵化"专制"的历史认识，都是不符合中国实际的认识。

中华文明突出的包容性，包含着一种深刻的价值观。这种价值观来自一种关于天地之德的认识，也出自一种从实际出发的哲学认识论。根据这种认识论，差异是不可回避的实际，贯通差异、调适差异，而非取消差异或是将差异绝对化，才是对待差异的正确态度。这种态度表明了一种克服自我中心的价值观，一种来自天地无私之德的价值观。中华文明的包容性表明，多元一体的中华民族是中华民族共同体实践中形成的包容性价值观的结果。

中华文明突出的和平性,包含着一种深刻的伦理观。天下一家、四海之内皆兄弟的理想,表明中华文明是以道德秩序来构造世界的,个人与家国天下之间在道德感通中不断推扩延伸,最终形成一种群己合一的共生秩序。这种天下一家的伦理观,决定了中华文明的和平性,决定了中华文明从来都是以共生和谐的态度来对待矛盾、对待分歧,从来不强人从己,而是在差异中求大同,认为对立面可以在交流沟通中达成和谐。中华文明的和平性表明,用所谓帝国、征服等认识模式来看待中国历史是不符合中国实际的。中华文明的和平性是中华文明包容性的伦理表现,也正是由于和平性,包容性才能真正落实为一种共同体建设,落实为一种共生的秩序。

对中华文明突出特性的研究,是习近平文化思想研究阐释的重要内容。做好习近平文化思想的学理性和系统性阐释,发挥好中国社会科学院的学术优势和理论优势,是中国社会科学院的职责使命之一。因此,做好习近平文化思想的哲学研究和阐释,也是中国社会科学院哲学研究所的职责使命。中国社会科学院哲学研究所中国哲学学科组织团队,先后申报并获评了国家社科基金重大项目、中国社会科学院"建设中华民族现代文明研究阐释工程"的重大项目"中华文明'五个突出特性'

的哲学研究"。中国哲学学科将本项目的研究作为一项重大的政治任务和严肃的学术课题，紧张地投入研究。值此习近平总书记在文化传承发展座谈会上的重要讲话发表一周年之际，我们与浙江古籍出版社合作，共同推出这套"中华文明突出特性阐释丛书"（共五册），作为习近平总书记讲话一周年的献礼。在此，我们要向中国社会科学院科研局给予课题组的研究保障，表示衷心的感谢！向浙江古籍出版社给予的支持帮助，向王旭斌社长领导下编辑团队的辛苦付出，表示衷心的感谢！同时也要感谢研究团队，在研究写作过程中，团队成员多次集中研讨和统稿，积极探索有组织科研新机制，在共同研讨中团结了队伍，凝聚了感情，积累了研究经验，希望团队形成的协同研究模式，可以成为中国哲学学科以及哲学研究所的研究传统，不断得到发扬。

在短时间内完成的五部著作，是充分发挥作者各自学术积累，积极调动既有学术资源的产物。由于写作和修改时间有限，肯定存在很多不当之处。作为项目研究的阶段性成果，我们会在此基础上，不断深化研究，提高认识，争取在不远的将来贡献出更好的作品。

张志强
中国社会科学院哲学研究所
2024 年 5 月 19 日

目 录

绪 论 ·· 01

第一章 政统：中华文明统一性的政治形态 ············· 06
  第一节 中国历史的三种大一统：从"尧制历"谈起 ········· 08
  第二节 为何"分久必合"？ ·· 30
  第三节 天府之国：大一统中国的自然优势 ················· 47

第二章 道统：中华文明统一性的精神根基 ············· 58
  第一节 中国认同：统一性的心理基础 ························ 59
  第二节 经史传统：统一性的经学建构 ························ 75
  第三节 仁体与家国：统一性的哲学论证 ···················· 93

第三章 中道：中华文明统一性的辩证原理 ············ 111
  第一节 有容乃大：统一性与包容性 ·························· 112
  第二节 道通三统：统一性与连续性 ·························· 117

第三节　吐故纳新：统一性与创新性 …………………… 122
　　第四节　和合共生：统一性与和平性 …………………… 127
　　第五节　如何跳出历史周期率？ ………………………… 131

第四章　赓续：新中国政治文明的统一性 ………………… 133
　　第一节　统一的新中国政治空间 ………………………… 134
　　第二节　党的领导、人民当家作主、依法治国有机统一 … 139
　　第三节　新时代对中华文明统一性的继承发展 ………… 146

结　语 ………………………………………………………… 157
主要参考文献 ………………………………………………… 160
后　记 ………………………………………………………… 166

绪　论

　　我国家以世界之古国，居东亚之天府，本应绍汉唐之遗烈，作并世之先进。将来建国完成，必于世界历史，居独特之地位。盖并世列强，虽新而不古；希腊、罗马，有古而无今。惟我国家，亘古亘今，亦新亦旧，斯所谓"周虽旧邦，其命维新"者也！

这段笔力遒健的文字，出自1946年抗战胜利后西南联大师生复员北返之际写下的《国立西南联合大学纪念碑碑文》，执笔人是著名哲学家、时任西南联大教授的冯友兰先生。"周虽旧邦，其命维新"，这句讲述3000多年前殷周鼎革、天命更新的古老诗句，十分传神地刻画出中华民族在近代饱受屈辱后仍如凤凰涅槃般焕发新生的状态，这就是5000多年中华文明"亘古亘今，亦新亦旧"的文化生命力。四大文明古国中，唯有中华文明能够以国家形态连绵至今，如一条波澜壮阔的长河，穿过千山阻拦，一路奔涌而来，滋养着这片古老而现代的神州大地。

这其中奥妙何在呢？原因自然见仁见智，但我们终究绕不过一个最重要的因素，那就是中华文明在其历久弥新、生生不息的发展历程中，始终有一股向心凝聚的巨大力量在维系，在激活，在更新，这就是中华文明突出的统一性特征。在2023年6月2日文化传承发展座谈会上，习近平总书记从中华优秀传统文化的内在机理和重要元素中，系统提炼出中华文明的"五个突出特性"：连续性、创新性、统一性、包容性、和平性。其中，关于统一性是这样表述的：

> 中华文明具有突出的统一性。中华文明长期的大一统传统，形成了多元一体、团结集中的统一性。"向内凝聚"的统一性追求，是文明连续的前提，也是文明连续的结果。团结统一是福，分裂动荡是祸，是中国人用血的代价换来的宝贵经验教训。中华文明的统一性，从根本上决定了中华民族各民族文化融为一体、即使遭遇重大挫折也牢固凝聚，决定了国土不可分、国家不可乱、民族不可散、文明不可断的共同信念，决定了国家统一永远是中国核心利益的核心，决定了一个坚强统一的国

家是各族人民的命运所系。[1]

可见，中华文明的薪火相传与向心凝聚，也就是连续性和统一性，是相互成就的。正是几千年来大一统国家形态的维系和演进，以及无数仁人志士、王侯将相、芸芸众生为中华一统而不懈奋斗的努力，使中华文明得以保持如此旺盛的生命力，延绵不断，独步古今。虽然在世界历史上，许多文明也都曾拥有辽阔而统一的政治版图，但大都只是盛极一时。典型如全盛时期疆域横跨欧非亚三大陆、将地中海变成"内湖"的罗马帝国，在衰落并受外族入侵之后就再也没能恢复往日辉煌，而是陷入黑暗的中世纪，在分裂的路上越走越远。即便后世有不少喊着光复罗马帝国口号而征战四方的野心家，也无力回天。反观中国，秦皇汉武开拓的大一统国家，尽管也历经漫长的分裂时期，但总能再次诞生更大规模、更加凝聚、更加多元一体的新的大一统王朝。魏晋南北朝是一个漫长的分裂时期，但历史找到了出路，诞生了大一统的隋唐盛世。而大唐崩溃之后，历史经过宋辽对峙、宋金对峙、宋蒙战争，诞生了涵盖农耕、游牧、渔猎不同族群而幅员极其辽阔的大一统王朝——元朝。之后元明清三朝更迭，都以

---

[1] 习近平：《在文化传承发展座谈会上的讲话》，《求是》2023年第17期，第5—6页。

多元一体的大一统形态演进，延续不断，并成为留给新中国的政治遗产。可见，统一性是中国历史之大潮流，也正是文明赓续的前提。

那么，统一性的奥秘何在？为此，需要回到历史现场，深入中国历史内部，深入中国古人的精神世界，深入中华文明的内在原理，去寻找更丰厚、更深刻、更富启示意义的解答。那么，如何全面把握中华文明的统一性？我们可以思考如下问题：大一统的历史要从哪里谈起？历朝历代的统一有何不同？从分裂回归统一，中间的"化学反应"是如何发生的？大一统中国的自然基础是什么？回归统一的人心所向，是一种什么样的精神力量？背后有何哲学论证？其原理是什么？以及不可忽视的是，传统大一统政治为何会出现历史周期率？最后是最重要的问题：中国共产党为什么能克服历史周期率，带领中国人民开创多元一体的新中国政治文明，实现中华文明的"旧邦新命"？带着这些问题，这本小书力求以兼具丰富性、哲学性、可读性的方式，解读中华文明的统一性。

作为现代中国人，今天的我们仍然生活在5000多年中华文明的长河中，在她的浸润和影响下，日用而不觉地做事情、想问题、讲道理。"中国人"的身份认同，是维系着960万平方公里广袤土地上56个民族的情感纽带。中华文明历史悠久的大一统传统，是我们必须去面对、继承并且能够创造性转化、创新性发展的厚重遗产。党的二十大报告指出:"中国式现代化是人口规模巨大的现代化。"[1] 人口规模巨大正是多元一体的中华文明历经几千年沧海桑田、日积月累的结果。它一方面是我们现代化进程上的沉重包袱,因为正如党的二十大报告所指出的,要带领十四亿多人口整体迈进现代化社会,其艰巨性和复杂性是前所未有的;但另一方面,在继承发扬多元一体政治传统的新中国政治文明中,在党的领导、人民当家作主、依法治国有机统一的政治架构中,在56个民族像石榴籽一样紧紧抱在一起的中华民族共同体中,人口规模巨大也可以转化为我们在现代化征程中的巨大优势和磅礴动力。

---

[1] 习近平:《高举中国特色社会主义伟大旗帜 为全面建设社会主义现代化国家而团结奋斗——在中国共产党第二十次全国代表大会上的报告》,北京:人民出版社,2022年,第22页。

第一章
政统：中华文明统一性的政治形态

一般来说，人们会首先从大一统的政治传统上来谈中华文明的统一性。不过，中华文明的统一性特征和大一统政治传统，这两个概念还是有待辨析的。统一性特征是关于中华文明的整体描述，它自然以大一统政治形态为主要面貌，但还应包括心理、文化、学术、哲学等精神层面的凝聚统一之特征。精神层面的统一性绝不可忽视，因为正是它构成了大一统政治形态能够分久必合、历久弥新的精神动力根基。另外，中华文明的精神层面的统一性也有自身的辩证发展运动，尤其是经史传统中经学、子学、史学的互动开展，也表现出统一、争鸣、会通交替演进的分合趋势，它与政治领域中的大一统历史发展相呼应，构成中华文明统一性之两轮，推动中华文明史滚滚向前。

有鉴于此，我们可以借用中国古代儒学关于"政统"和"道统"的区分，来分别概括中华文明统一性特征的政治形态和精神根基这两个层面。"统"的本义是丝线的开端[1]，可以引申为事业的开端和连续，比如孟子说的"君子创业垂统，为可继也"（《孟子·梁惠王下》），讲的就是文明事业的开创和赓续。那么，"政统"主要聚焦于大一统政治形态的形成、维系、发展的连续历程，而"道统"则聚焦于中华文明精神世界的守旧与创新的辩证开展历程。当然，"政统"并非指狭义的政治史发展历程，而是以政治形态的连续性为主，牵涉社会、经济乃至相关政治理念的复杂的互动发展过程；而"道统"在本书中，主要是就大一统政治的认同基础、这一认同基础的经学建构以及哲学论证三方面来谈的。在儒家那里，"政统"和"道统"之间也有一个分合运动：当两者合一时，意味着圣王在上，"政统"和"道统"集于一身，这就是"天下有道"；当两者分裂时，意味着暴君污吏横行，"政统"中断而"道统"为儒家所抱守，这就是"天下无道"。这提示，中华文明统一性之两轮并非总在协同推进：有时候，在政治分裂的年代，精神事业却达到一统；而精神事业内部争鸣的时代，也有可能发生于政治一统之下。但恰是这种不协调性，往往为中华文明统一性的除旧更新酝酿着无限可能和勃勃生机。本章讲"政统"，第二章则在此基础上讲其背后

---

[1] 东汉经学家许慎《说文解字》云："统，纪也。"又云："纪，丝别也。"

的"道统",第三章则系统概括"政统"和"道统"的原理,由此步步走进中华文明深处。

第一节　中国历史的三种大一统:从"尧制历"谈起

人们一般说大一统,主要是讲秦汉之后以郡县制为主要治理模式的国家形态,此即汉代人称赞的"六合同风,九州共贯"(《汉书·王吉传》)的大一统模式。不过,当追溯"大一统"一词最早出处的丰富含义时,我们会看到秦汉之前还有另一种模式的大一统,即封建大一统。[1] 它与郡县大一统,以及元代之后多元一体的大一统多民族国家模式,共同构成了中国历史主流的三种大一统。

---

1 需强调说明的是,"封建"一词严格来说只适合描述周代后中央与地方的关系,即天子与分封制度下的诸侯的关系。在周以前,尤其是五帝时代、夏商时期,中央与地方的关系要比周代分封制度更为松散,主要体现为部落联盟主与各部落的关系、天子与方国的关系。换言之,这些地方权力不是天子分封出来的,而是自然"生长"出来的。因此,虽然都是天下分权的模式,虞夏商周还有具体形态之不同。不过目前未有更具概括性和准确性的术语来涵盖虞夏商周的大一统模式,所以此处暂且用"封建大一统"一词。

一、封建大一统：从尧舜到周公

诚如不少学者注意到的，"溥天之下，莫非王土；率土之滨，莫非王臣"（《诗经·小雅·北山》），这句周幽王时期的名诗提示，西周已有一种异于秦汉的大一统。杨向奎认为，西周一统以中国、诸夏、四方为层级，形成由四周向中心的华夏礼乐文明凝聚的大一统格局。[1] 马卫东认为大一统正是西周封建制度对中国历史的贡献，它分为三个层次：以"尊王"为核心的政治一统、以"内华夏"为核心的民族一统、以"崇礼"为核心的文化一统。[2] 也就是说，在分权分治的封建格局中，也能形成某种形式的政治向心力，这就是封建式的大一统。不过，细绎《春秋公羊传》中隐含的线索，"大一统"似乎还可追溯得更早。

《春秋·隐公元年》云："元年，春，王正月。"《公羊传》解释"王正月"云："何言乎王正月？大一统也。"这里"大"不是形容词，而是动词，即推崇之义。"大一统"即推崇一统。这里"一统"是就"王正月"而言的。"王"谓周天子，"正月"是一年之首月。东汉经学家何休认为"王正月"系"知王者受命，布政施教所制月也"，而周代"以斗建子之月为正"，

---

[1] 杨向奎：《大一统与儒家思想》，北京：北京出版社，2016 年，第 6、37 页。
[2] 马卫东：《大一统源于西周封建说》，《文史哲》2013 年第 4 期，第 118 页。

进而认为"一统"是"自公侯至于庶人,自山川至于草木昆虫,莫不一一系于正月"。据此,"一统"与历法有关。"王正月"意谓鲁国历法与周天子一致,即"一统"。"统"指首月,"一统"即鲁历正月设为周正子月。可见,"一统"背后的框架是先秦"天子—诸侯"的分封制格局,其政治意味是"尊王",即诸侯要服从天子的最高权威,它首先表现为天子与诸侯在历法上的一致。那么,只要诸多独立政治体能够"尊王",奉从天子历朔,即"大一统"。问题是,以历朔为中心的"一统",最早只到西周吗?

著名史学家金景芳先生认为,《尚书》开篇《尧典》"尧制历""敬授人时"之事是中华文明史上意义非凡的创举,它开创出一个超越祖先神、社稷神之上的政治信仰对象——"天",以及与之相应的超越血缘乃至地域性部落联盟之上的早期国家雏形和政治领袖——"天下"与"天子"。[1]

受此启发,我们认为,历朔意义的"大一统"最早可以追溯至此,比秦朝统一六国要再早约2000年。据《尧典》记述,尧命羲仲、羲叔、和仲、和叔分赴四方观象,制定出一套较原始的阴阳合历("历象日月星辰"),并将每年观测

---

[1] 金景芳:《中国古代思想的渊源》,载氏著:《金景芳古史论集》,长春:吉林大学出版社,1991年,第218—238页。

所得的朔气颁与四方部落,以指导天下农耕("敬授人时")。[1] 结合龙山文化的陶寺观象台遗址(距今约4000多年)来看,这个古观象台已达到了预报全年20个节气的水平,反映出尧舜时代的制历技术达到了新的高度,对于农耕而言意义重大。需看到,早期中国北方农作物主要以黍、稷、粟等旱作物为主,高度仰赖对天时节气的把握。[2] 考虑到当时"黎民阻饥"(《尚书·舜典》),因此一套能够预测农时、提高生产力的技术出现,对于华夏民众无疑有生死攸关的重大意义。这就导致当时华夏各部落开始选择与掌握历法技术的尧部落合作,初步形成以制历为中心的最高权威,尧作为"天子"便登上了历史舞台。《大戴礼记·虞戴德》云"天子告朔于诸侯,率天道而敬行之,以示威于天下",说的正是此事。

那么,当华夏部落凝聚在尧部落的领导下而形成"天下"时,华夏便开始具有"中国规模"了,而中国的产生,正是"来自一个对中国规模问题的政治解决"[3]。可以看到,在这种最初的大一统中,日后中华文明的诸多政教原理其实已经包含在其中了。德治、执中、民本、天命、革命、公天下等等,均已开始孕育。

---

1 参见金景芳、吕绍刚:《〈尚书·虞夏书〉新解》,沈阳:辽宁古籍出版社,1996年,第21—70页。
2 参见何炳棣:《黄土与中国农业的起源》,香港:香港中文大学出版社,1969年,第107—176页。
3 张志强:《如何理解中国及其现代》,《文化纵横》2014年第1期,第56页。

当尧部落将每年所得农时授予四方部落及其民众，各方受其历法指导，就要奉作为天子的尧为"正朔"，此即《公羊传》原初意义的"大一统"。[1] 历术合作下的大一统使得华夏民众进入更精细的农耕模式，生产生活水平得到提高。它实际上发挥了恩格斯所说的"历史的有力的杠杆"的作用[2]，推动松散甚至敌对的部落状态进入一个更为团结紧密的政治联盟状态，因此这种大一统无疑是进步的，是最符合华夏总体利益的政治架构。正因此，掌握历术的天子必须以保育生民、"赞天地之化育"（《礼记·中庸》）为其天命职责和执政合法性所在。这种大一统并不依赖郡县制的直接控制，而是以合乎整体利益的观象授时的合作方式，维系着政治向心力。无论是天子与方国，还是天子与诸侯的具体形态，这种大一统都适用于分权分治的政治模式，故不妨称之为封建大一统。

当然，封建大一统的形成并非只依赖制历合作，此外至少还有两项物质条件作为基础。一是华夏交通要道的初步形成。它要归诸大禹的开辟之功。大禹在治水的同时还完成了一项重要工作，即疏导九州之间的陆路和水路交通，形成了

---

[1] 王震中教授认为，五帝时代的族邦联盟也是一种大一统。不过，黄帝时期尚未形成中央与四方的授时合作，故当时四方部落一直叛乱，使得黄帝"未尝宁居"，终生"迁徙往来无常处"（《史记·五帝本纪》），也就是尚未形成向心凝聚的大一统，故本书不取此说。见王震中：《"大一统"思想的由来与演进》，《海南大学学报（人文社会科学版）》2022年第3期，第1—9页。

[2] 《马克思恩格斯全集》（第十九卷），北京：人民出版社，1963年，第372页。

后世传颂的"禹迹"。这项工程加强了华夏各族的社会经济往来,为日后超大规模政治体的出现奠定了物质基础。二是象形文字的推广。象形文字能突破地域性语音差异限制,促进更大范围族群的精神文化交流,是构成精神世界大一统的符号基础。正如荀子所言,先王所制之"名"使得"远方异俗之乡",也就是不同地区、使用不同方言的人"因之而为通"(《荀子·正名》),加强了华夏各族融合。

在封建大一统模式下,天子直接控制的只有百里左右的王畿,因而需要以施德的方式凝聚诸侯的向心力。所谓"柔远能迩"(《诗经·大雅·民劳》)、"远人不服,则修文德以来之"(《论语·季氏》),即是三代封建下的德治模式。而观象授时,正是一种核心的施德能力。此即先秦人所说的,虞夏以来的历术是"先王所以不用财贿,而广施德于天下者也"(《国语·周语中》)。换言之,授时比简单的经济援助("财贿")更能有效建立广泛的政治拥护和合作。当然,施德不仅有授时,还包括赏赐、救济、戡乱等其他直接的方式作为重要辅助。这种施德的展开,就是通过巡守与朝觐来达成的。[1]故舜接受尧之禅让而即位,旋即开展"五载一巡守,群后四朝"(《尚书·舜典》),即通过天子与四方诸侯的流动往来、

---

[1] 有关德治与巡守制度的深层关联,参见郑开:《德礼之间:前诸子时期的思想史》,北京:生活·读书·新知三联书店,2009年,第168页。

频繁接触的政治联系来加强天子与四方的纽带,从而达成德治,维系大一统的政治向心力。

封建大一统的德治,至周公制礼作乐之后更加成熟定型。周公制礼作乐是周人治理天下模式成熟的标志,其实质是一套以封建宗法制度为核心的礼乐秩序。在周代宗法礼乐秩序中,德治呈现出一个差等秩序。据《国语·周语上》记载,周穆王欲兴兵攻打犬戎,祭公谋父劝谏穆王"耀德不观兵",尤其不能攻打夷狄,而应当以德化为主。其理由是一套承自"先王之制"的德治秩序,即将天下由内向外划分为"邦内甸服""邦外侯服""侯卫宾服""夷蛮要服""戎翟荒服"五大服区。并且越往外的服区,相应的朝觐祭祀义务就越少,刑罚施加的力度越小,而德教的成分越多,尤其对于荒服的戎狄,更应纯任德教而不能施加兵刑,由此才能"近无不听,远无不服"。但穆王不听,执意攻打犬戎而战败,从此西周走向衰微。从这里可以看到,德治并非一种同质化的统治,而是内含差等秩序的政治智慧,它要求尊重存在风俗文化差异的诸多政治体的独立性,以兼容并蓄的姿态接纳之、教化之。这便是后来《礼记·中庸》"万物并育而不相害,道并行而不相悖。小德川流,大德敦化"这一王道政治理想之滥觞,也是《老子》四十九章"圣人无常心,以百姓心为心。善者,吾善之;不善者,吾亦善之"这种道家包容式政治智慧的源头。

后面我们也会看到，尊重差异的德治秩序，其实也成为往后更为成熟的多元一体大一统模式的渊源之一。

幽王被杀，周室东迁，进入礼崩乐坏的时代，但大一统的政治理念已深入人心，是春秋战国诸子共同的政治追求，尽管他们关于如何一统有具体不同的意见。众所周知，孔子的政治理想在于"天下有道，则礼乐征伐自天子出"（《论语·季氏》），而孟子主张"定于一"（《孟子·梁惠王上》），荀子主张"一天下"（《荀子·王制》），其实都是封建大一统的模式，因为他们都同时主张天子"地方百里而可以王"（《孟子·梁惠王上》）、"百里地而天下一"（《荀子·仲尼》），反对兼并扩张，所以坚守的还是旧时代的德治模式。儒家是保守的，但在他们那个烽火不息的战乱年代，神州大地正在酝酿着一种新的大一统。

二、郡县大一统：秦汉的转折

秦汉是中国历史上的巨变。秦始皇驱虎狼之师，扫六合，一海内，华夏大地出现了新的大一统，即郡县的大一统。郡县作为地方管理模式，与封建诸侯最大的不同便是郡县的长官不再世袭，而是由皇帝直接任命，并且有一定任期。此外，郡县长官必须回避本籍，以免与当地豪族勾结而形成地方割据势力。[1]这就改变了分权的封建模式，将天下权力高度集中到中央。需要注意，郡县制的有效运行，还有赖于春秋战国以来兴起的户籍制、官吏队伍、法律体系、赋役制度、文书系统等方面的基础支撑。

这里面最重要的是户籍制度的推广。由于春秋以降战争的白热化，发生了早期车战转向步兵作战的军制变革，这就推动了户籍制度的产生。当时各大诸侯为动员更多兵员，开始向城邑之外本无资格上战场的"野人"征发军赋，由此建立起登记家庭人口的户籍制。进而，由户籍制度所塑造的编户齐民社会，就与郡县制互为表里，将早期中国由"封建"推向"郡县"。编户齐民深刻改变了封建时代"天有十日，人有十等"（《左传·昭公七年》）的等级结构，尤其取缔了封建领主下各种私臣附属关系，使得民众皆成为一系于国君的"公"民，由此为大一统郡县制国家奠定了广泛的社会基础。户籍制度意义重大，它是秦汉郡县制大一统国家彻底掌握人口、大规模动员人力的强大组织，所谓"民数周，为国之本也"（《中论·民数》）。

此外，法律刑罚维系着编户齐民社会的稳定，科层化、理性化的成熟官僚队伍加强了君主集权和行政效率，畅达全

---

[1] 参见（日）纸屋正和：《汉代郡县制的展开》，朱海滨译，上海：复旦大学出版社，2016年，第163—167、563—564页。

国的文书系统保证了政令的有效传递和执行，军功爵制激发了社会大众渴望建功立业、保家卫国的积极动力，度量衡和货币的统一建立起全国性的市场网络、激发了经济活力，以帝都咸阳为中心的"米"字形交通要道的形成为全国政治经济运行奠定了良好的物质基础。[1] 由此，郡县制与户籍制度、官吏队伍、法律体系、赋役制度、文书系统、军功爵制、货币制度以及交通要道等设置相配套而推广施行，从而构筑起一个高度理性化运作的治理体系，实现皇帝对辽阔疆域更为直接有效的统治和动员，中央集权能力实现质的飞跃。从此，中国历史翻开了崭新的一页。

但这一转折极尽曲折，并非一步到位。公元前221年，秦灭六国。当时丞相王绾就提议，燕、齐、楚等国辽远，不易控制，请分封以镇守疆土。这是要回到封建大一统，得到了当时群臣的赞同。李斯却坚决认为，回到分封制是战乱的根源，只有实现天下郡县化才是"安宁之术"。在这场御前辩论中，李斯的建议最终得到秦始皇的认可，由此秦朝"分天下以为三十六郡"，建立起中国历史上第一个郡县制国家。（参见《史记·秦始皇本纪》）

尽管秦朝通过郡县的方式将四海合于秦的治下，但当时

---

[1] 参见李勇刚：《天下归心："大一统"国家的历史脉络》，北京：人民出版社，2021年，第117—124页。

各地民众并未建立起"我是秦朝人"这一身份认同,仍旧坚持楚人、齐人、赵人之类的诸侯国认同,这里面不少人对封建时代抱有无限眷恋,蠢蠢欲动。秦祚极短,与郡县大一统的政治认同尚未深入人心有很大关系。于是陈胜、吴广振臂一呼,各路"诸侯"又风起云涌。公元前206年,秦亡,项羽分封天下,似乎一下子又回到了旧时代。但我们细看项羽的分封模式,与旧日封建大一统已经有所差别。项羽尊楚怀王为义帝,是为形式上的天下共主,而无实际权力以及广大封地。项羽自己则自任西楚霸王,同时封各路起义军为王、君、侯。这一分封体系呈现为"帝—霸王—王—君—侯"的序列,与西周的"王—公—侯—卿—士"的序列已然不同。而且,典型的西周分权模式是层层分封到底的,即诸侯将国都以外的领地分封给卿大夫,卿大夫再把自己的领地分封给下层的士。而在项羽的分封体系中,各个诸侯下辖的基础组织还是郡县,项羽自己就占有九郡,领地最大。(参见《史记·项羽本纪》)可见,秦虽亡,郡县制却已生根发芽。

当初,刘邦被封为汉王,地处关中南边的偏狭地带,即今日之陕西汉中,形势不利。但他顺着将士们思归关东故乡的渴望,凭借善于驾驭人才的杰出天赋,挥师东向,与项羽一决雌雄,终于在垓下联合各路诸侯合力诛灭项羽。公元前202年,刘邦被各路诸侯共尊为皇帝,建立了大一统的汉家天下。然而，当时的汉家天下只是一个郡县制与封建制混合的大一统模式。尽管刘邦内心拒斥裂土而封，但当时各路起义军都有封王的渴望，刘邦只有通过让步分封的妥协方案，才有可能争取到他们的合作。韩信获封为齐王，彭越获封为梁王，才答应帮助汉军合围项羽，并在楚汉战争中起到举足轻重的作用，便是典例。因此，汉初分封各路诸侯为异姓诸侯王，与汉王治下的郡县一道，构成郡县、分封混合制的大一统。

如所周知，之后的历史便是刘邦逐个打倒韩信、彭越、卢绾、黥布等人，将大部分异姓诸侯王替换为刘姓诸侯王的过程。据说刘邦曾与功臣们刑白马而盟誓："非刘氏而王，天下共击之！"（《史记·吕太后本纪》）然而依靠血缘纽带，就能维系刘氏诸侯王们的向心力吗？诸吕之乱后，惠帝血脉被残杀殆尽，代王刘恒以非嫡诸侯王的身份入继大统，是为文帝。但这一事实，实际上已启刘姓诸侯之祸心：既然同姓诸侯可当皇帝，为什么我不可以？这便为景帝时期七国之乱的爆发埋下祸根。七国之乱意味着郡县与分封的矛盾到了必须做了断的历史时刻。表面上看，它是中央与地方的矛盾，但更为实质的是郡县与分封两种大一统模式在社会经济层面的不兼容。这种不兼容相当于在均质化的编户齐民社会版图中划开了一道裂痕，严重损害中央集权国家汲取资源的能力。具体说，就是中央郡县与诸侯郡县之间的赋役差别所产生的损害。由于汉初诸侯多封于关东这一富厚之地，诸侯可凭借经济优势，发展工商业，减免赋税，吸引中央郡县的民众往此谋生。比如吴王濞依靠吴国的铜、盐资源，制作钱币，发展经济，免去百姓赋税，这一举措吸引了大量民众脱籍前往，为谋乱蓄积了巨大能量。在中央朝廷看来，这就是"背德反义，诱受天下亡命罪人，乱天下币"（《史记·吴王濞列传》）。正是这种赋役的不平衡，导致中央下定决心要铲除诸侯势力。

之后的历史也为人所熟知，那就是汉武帝颁布"推恩令"，规定诸侯王死后，嫡长子之外的其他子弟也可分割王国一部分土地而成为列侯，由郡守统辖。这一措施导致诸侯势力基本被瓦解，先秦的分封制开始退出历史舞台，之后就是"诸侯惟得衣食租税，贫者或乘牛车"（《汉书·高五王传》）了。当然，后来也偶有分封制回光返照的时候，比如西晋的分封。但八王之乱后，旧日封建天下的大一统模式已被郡县制洪流所淹没。

然而在思想层面，由于周公所奠定的封建古典国制是儒家"天下有道"的理想蓝图，因此在郡县大一统时代，仍有不少赞美封建制的声音。早在汉初，贾谊的名篇《过秦论》就曾赞颂在分权的封建制度下，先王设置公、卿、大夫、士来行使制约天子的职责，以防"壅蔽之伤国"（《新书·过秦论下》）。而在西汉中期著名的盐铁会议上，贤良文学们也强调，在封建大一统下，各层的卿、大夫、士能够以独立的权力制约在上者的过失（参见《盐铁论·除狭》）。他们还指出，封建时代下"民各供其君，诸侯各保其国"（《盐铁论·地广》），故能更好地调均内外。而随着郡县制大一统的逐渐成熟，一些儒家也逐步深刻意识到郡县制对于维系天下稳定的巨大优势，其中最著名的莫过于唐代柳宗元的《封建论》。在这篇名文里，柳宗元雄辩地论证了郡县制的巨大优越性，肯定了郡县制代替分封制是历史发展的必然，特别是提出"公天下之端自秦（郡县制）始"（《柳宗元集》卷三）的论断，在思想史上具有振聋发聩的效果。

唐宋以降，郡县制国家体制进入高度成熟的时期。三省六部制的确立和完善，极大提高了中央集权国家的行政效率和控制能力；科举制的推广，逐渐打破了汉晋以来地方豪族、门阀士族对地方和中央权力的侵蚀倾向，促进了国家与社会之间各阶层的上下有序流动，推动了平民社会的出现，而科举出身的文官为郡县制官僚体系注入了新鲜血液，从而开启了更具理性精神的文官政治；唐律的制定和完善，进一步规范了古代郡县制的治理、执法、司法体系，对后世影响极为深远；等等。这些郡县制的新发展，都能够有力加强中央集权和皇权集中，高度强化国家治理能力，使得郡县制成为之后更加多元一体的多民族大一统国家治理体系中的中流砥柱。

三、多元一体的大一统：唐以后多民族统一国家的形成

实际上，理想中纯粹的郡县制大一统几乎不存在。而且由于单一的郡县制模式存在着同质化的倾向，在面对魏晋南北朝以及此后的多民族激烈碰撞融合的历史大势时，郡县大一统模式存在着消化能力不足的缺陷。怎么理解呢？如前所述，郡县制的重要基础，就是户籍制度的普及所造就的编户齐民社会。在这种统治模式下，民众必须定居一方水土，从事农耕，为国家提供赋役资源。所以早在商鞅变法时，秦国就规定民众"无得擅徙"（《商君书·垦令》），并用连坐制度严惩擅自脱离户籍的逃亡者。很显然，郡县制的编户齐民社会管理模式，完全不适用于逐水草而不断迁徙的游牧族群生活方式。游牧族群仰赖牛羊马畜牧业而生产生活，而牛羊马需要在广阔的草场上奔驰和食草料，那么骑在马背上的牧民就没有固定居所，而只会有大概的草场范围。一般而言，牧民会遵循夏天往北而冬季往南的水平迁徙规律，或者夏季

往高山而冬季往低谷的垂直迁移规律。[1] 这样一来，依靠民众安土重迁的生活方式才能够汲取赋税徭役、维系中央集权的编户齐民模式，就很难移植到游牧社会。

那么对于汉人政权而言，如何治理归附的游牧族群呢？一般采用的是羁縻模式，"羁"意谓用军事手段和政治压力加以控制，而"縻"则是以经济和物质的利益给予抚慰。羁縻是中原王朝在少数族群聚居区或新征服区实行的特殊政策，它一般只设置军事机构保持政治稳定，而不征收赋税徭役，不派遣行政官员，而由当地部族的首领世袭，治理当地的内部事务，具有相当大的独立自主性。[2] 比如在汉代，朝廷采用都护制的方式对西域诸国实施羁縻。都护这一职位，一般只凭借军事力量维系边疆地区的服从，而不干涉其内部事务。这一制度为后世各个中原政权所继承发展，比如唐代的都护府、边州都督府。然而，羁縻模式的问题也很明显。一方面，中央朝廷不仅不从羁縻地区获得赋税，而且有时为显示自身的"盛德"，会挥霍性地赏赐，造成不少经济负担；另一方面，当中央朝廷因自身弊政而集权能力下降时，羁縻地区便很容易转为分裂势力。

---

[1] 参见王明珂：《游牧者的抉择：面对汉帝国的北亚游牧部族》，桂林：广西师范大学出版社，2008年，第21页。
[2] 参见葛剑雄：《统一与分裂：中国历史的启示（修订本）》，北京：商务印书馆，2013年，第73页。

魏晋南北朝以后，随着胡汉民族大融合的历史大潮，中原政权不断适应并探索多民族国家的治理之道。直至隋唐二代，终于走出了南北朝的分裂，重新实现郡县大一统，恢复往日汉代荣光，使得"汉唐"为人所并称。但隋唐之所以兴，已与昔日秦汉借助军功爵制激发民众耕战的路径有所不同，而是注入了塞外的力量。著名史学家陈寅恪先生道破了其中的关键："李唐一族之所以崛兴，盖取塞外野蛮精悍之血，注入中原文化颓废之躯，旧染既除，新机重启，扩大恢张，遂能别创空前之世局。"[1] 所谓"塞外野蛮精悍之血"的注入，便是大名鼎鼎的"关陇集团"。关陇集团的实质，是北方少数民族军事贵族与关陇汉人豪族深度结合形成的一损俱损、一荣俱荣的"命运共同体"。[2]

由此，再度统一的李唐王朝，某种程度上便是一个胡汉共享政权的郡县大一统国家。我们知道，唐太宗有一句名言："自古皆贵中华，贱夷狄，朕独爱之如一，故其种落皆依朕如父母。"（《资治通鉴·唐纪十四》）这句话即须放在上述时代背景中理解。正因有这样的政权基础，唐太宗才视胡汉如一，而自身也广受胡汉民族拥戴；他既是郡县制国家的

---

[1] 陈寅恪：《金明馆丛稿二编》，北京：生活·读书·新知三联书店，2001年，第344页。
[2] 参见李勇刚：《天下归心："大一统"国家的历史脉络》，北京：人民出版社，2021年，第156页。

皇帝，也被塞外广大少数民族拥戴为天可汗（即游牧民族众汗之汗），从而将农牧两个系统的国家元首称号集于一身。[1]这反映出，新的多民族大一统国家形态，在唐代有了长足发展。

然而，安史之乱、五代割据之后，中国历史似乎又倒退到一个更加严重的胡汉区隔的时代。[2]那么，中国会成为一种近代单一民族国家意义上的国度吗？并没有。崖山一战，陆秀夫背负宋帝投海，历史又回到了多民族大一统国家的轨辙。蒙古人建立的元朝，正如《元史·地理志》所述：

> 自封建变为郡县，有天下者，汉、隋、唐、宋为盛，然幅员之广，咸不逮元。……若元，则起朔漠，并西域，平西夏，灭女真，臣高丽，定南诏，遂下江南，而天下为一。故其地北逾阴山，西极流沙，东尽辽左，南越海表。……元东南所至不下汉、唐，而西北则过之，有难以里数限者矣。……汉、唐极盛之际，有不及焉。盖岭北、辽阳与甘肃、四川、云南、湖广之边，唐所谓羁縻之州，往往在是，今皆赋役之，比于内地。

---

[1] 参见费孝通主编：《中华民族多元一体格局（修订本）》，北京：中央民族大学出版社，1999年，第239页。
[2] 参见葛兆光：《宅兹中国：重建有关"中国"的历史论述》，北京：中华书局，2011年，第57—59页。

至此，中国史上多元一体的大一统模式开始定型，而游牧民族对此作出了不可磨灭的贡献。元朝对于多元一体的大一统模式的贡献，具体体现在至少四个方面：

一是版图的空前扩大，实现了更大范围疆土的统一。

二是进一步突破汉唐羁縻模式的局限，在边疆治理上开始做到"皆赋役之，比于内地"。尽管元朝是否真能完全像管理郡县一样对边疆汲取赋役，有待商榷，但元朝的真正突破是在西南边疆开始推行土司制度：土司作为当地少数民族世袭首领，虽有较大自治权，但需要承担一定的贡赋和徭役。这就发生了质的变化，实现了从羁縻驾驭到治理教化的转变。在这样一种突破下，多民族国家才能真正形成中央集权能力和政治向心力。这既能实现有效的统治，又能兼顾边疆地区的独立性，由此真正促成多元一体的大一统版图的形成。

三是王朝名号的质的飞跃。以往王朝的名号，如汉、新、晋、唐等，都取自统一天下前的封地所在。比如，汉朝之"汉"取自刘邦称帝前在关中的封国，新莽之"新"取自王莽登基前的封号新都侯。但元之所以为"元"，是直接取自《周易》的"大哉乾元"，所谓"法《春秋》之正始，体大《易》之乾元"，而"见天下一家之义"（《元史·世祖本纪》）。"大元"不再是以往王朝名号中源自周朝王畿与封国关系的自我想象，而是开辟了一个新的文化、地理、政治空间，开辟了一个真正意义上的"合外内"的天下，并把新的"天下"置于普世性的中国符号"天子制度"中。[1]大元之后，大明、大清都在这一新的文明史意义空间中开展。也可以说，"大元"的名号将多元一体的大一统模式，建立在更高层次的天道运行和中华经典之上，从而获得普世性的政治合法性。

第四个方面是对宋、辽、金"正统之争"的创造性解决，即不再争议究竟三朝谁才是中国之正统，而是强调"三国各与正统,各系其年号"(《庚申外史》卷上)，由此正式修撰宋、辽、金三朝正史。这就相当于表明元朝同时是宋、辽、金的继承者，它以大一统王朝的立场平等看待这三个不同民族政权的历史，无疑更加推动大一统多民族融合的历史进程。[2]也可以说，"各与正统"为多元一体的大一统模式奠定了一种新的历史哲学基础。

以上四个方面，前两个是政治层面的，后两个是精神层面的。经过这样一种由游牧民族主导的有效整合，多元一体的大一统才真正成为中华文明史的主流。虽然到明代，华夷之辨又稍有回流，但朱元璋在登基之初便承认元朝天命正统，等于肯定了大元的多民族一体的大一统政治底色。清军入关，

---

1 参见张志强：《超越民族主义："多元一体"的清代中国——对"新清史"的回应》，《文化纵横》2016年第2期，第96页。
2 参见江湄：《怎样认识10至13世纪中华世界的分裂与再统一》，《史学月刊》2019年第6期，第95—108页。

更是将多元一体的大一统模式推向新的高度。清代统治者在尊重蒙古、西藏等边疆地区宗教文化独立性的基础上，成功将蒙古、西藏诸族政治势力统摄在一个中华天子政权之下，从而将农耕、游牧、渔猎的生活方式容纳在一个更为广阔的大一统疆域下，实现民族交融、通商惠工、经济繁荣。清朝至少从三方面推进了元朝的大一统：

第一，经过顺治、康熙、雍正、乾隆四朝的不懈经营，新疆、西藏、台湾等区域领土得到空前的巩固，这一功业直接奠定了现代中国的版图。

第二，在多元一体的大一统政治格局内部进一步推进"同质化"。比如在明朝前期工作的基础上，对西南的云南、贵州、广西等土司统治的少数民族地区继续进行"改土归流"的变革。"土"即少数民族世袭首领土司，"流"则是由中央朝廷任命且有一定任期的流官，也就是郡县制官僚，这就进一步消除了这些边疆地区分裂势力的隐患，实现了进一步的"内地化"，巩固了大一统。到了晚清，沙俄等帝国主义势力图谋蚕食新疆。在这一边疆危机的局势推动下，左宗棠果断率军平定新疆之乱，正式在新疆建省。由此，清朝实现了边疆治理模式从高度自主的"因俗而治"到边疆内地一体化的转型，为日后现代中国留下了多元一体的政治版图这一遗产。[1]

---

[1] 参见陈跃：《论中国古代"大一统"内涵的发展演变》，《中国边疆史地研究》2022年第1期，第58页。

第三是消解"华夷之辨",熔铸多元一体的中华民族共同体意识,其意义同样极为深远。早在入关前,皇太极就提出了"满汉之人,均属一体"(《清太宗实录》卷一)的华夷平等思想。入关后的清诸帝,深化发展了满汉同体的民族平等观。顺治帝说:"满汉官民,俱为一家。"(《清世祖实录》卷十五)康熙帝谓:"朕统一寰区,无分中外,凡尔民人,咸吾赤子。"(《清圣祖实录》卷一百一十二)雍正帝又提出:"既云天下一家,万物一源,如何又有中华、夷狄之分?……九州四海之广,中华处百分之一,其东西南朔,同在天覆地载之中者,即是一理一气,岂中华与夷狄有两个天地乎?"(《大义觉迷录》)从"一体""一家"到"一理一气",实际上是对中华民族共同体意识不断深入的哲学论证。

对于中国历史上郡县与多元一体两种大一统的演进,雍正帝有清晰之自觉:"中国之一统,始于秦;塞外之一统,始于元,而极盛于我朝。自古中外一家,幅员极广,未有如我朝者也。"(《清世宗实录》卷八十三)多元一体的大一统模式,也就是多民族统一国家形态,即雍正帝说的"塞外之一统",在清朝确实达到了新的高度。辛亥革命虽然推翻了清廷,铲除了帝制,使民主共和的观念深入人心,但民国之建立,仍然奠基于多民族共同体的基盘之上,这就是孙中山所说的"合汉、满、蒙、回、藏诸地为一国,即合汉、满、蒙、回、藏诸族为一人，是曰民族之统一"（《中华民国临时大总统宣言书》）。由此，多元一体的中国开启了其现代化进程，并构成了新中国政治文明的基盘。

第二节 为何"分久必合"？

我们常说统一是中国历史主流。这当然不是说历史上只有统一时期。中华文明的统一性不仅指表层的政治统一，更重要的是历史分分合合背后的巨大向心力所在。所以，"尽管在一些历史时期也曾出现过分裂局面，但统一始终是主流。而且不论分裂的时间有多长、分裂的局面有多严重，最终都会重新走向统一"。[1] 因此必须正视分裂时期，进一步理解其重新走向统一的逻辑。汉末到隋朝是一个300多年的漫长的分裂期，中间只有西晋王朝的短暂统一。从唐代安史之乱到元朝灭南宋而实现多民族的大一统，这一段分裂期甚至有500多年之久。而在先秦那种较为松散的封建大一统模式下，分裂或许更漫长。夏、商二朝"诸侯畔"的现象并不罕见（参

---

1 习近平：《领导干部要读点历史》，《学习时报》2011年9月5日，第1版。

见《史记·夏本纪》《史记·殷本纪》）。在西周，从中期的周穆王开始，王室就失去了对东部诸侯的控制，呈衰微之势。[1] 尔后，幽王灭国，周室东迁。繻葛之战，郑人一箭射中周桓王肩膀，揭开了春秋争霸、战国争雄的序幕。那么，从周穆王中衰到秦朝一统，中间甚至有700年之久。为何同样漫长的分裂，放在欧洲便产生以分离为动力的众多民族国家，放在中国却诞生更为庞大、更为成熟、更为多元一体的大一统政治体？只有明白其所以"分久必合"的道理，才能深刻理解中华文明的统一性。

一、从春秋战国到秦汉

如果说上一节讲的是三种"合"的历史，那么，本节则是要进一步理解这三种"合"之间"分"的历史是如何酝酿出新的"合"的。

回到文明开端的筚路蓝缕年代，也就是新石器时代晚期的中华大地上，仰韶文化、红山文化、龙山文化、良渚文化等区域遍布着"满天星斗"般的史前文化聚落。这些文化区域既呈现出多样化发展的特点，也具备由中原向四周影响的

---

[1] 参见李峰：《西周的灭亡》，徐峰译，汤惠生校，上海：上海古籍出版社，2007年，第106页。

突出的统一性特征。由于中原的旱地农业区与南方的水稻农业区、西北的狩猎采集区有着广泛的经济文化交流，因此我们可以看到，尽管各文化区各有特征，但也共享着相近的彩陶、建筑、铜器、玉器、卜骨等文化样式。[1] 而在中原文化地带，或许已形成某种"广域王权国家"[2]。这是从考古遗址而来的观感。从历史传说来看，这种统一性的凝聚则更加显著，它表现为黄帝和炎帝两大部落首领的冲突与融合。屈原名篇《天问》有一句"焉有虬龙，负熊以游"。杨向奎曾考据出：龙负熊游的神话，正是以龙为族徽的黄帝部落和以熊为族徽的炎帝部落相融合的遗迹。[3] 不过，《史记·五帝本纪》也指出黄帝一生都在镇压"不顺"者，"披山通道，未尝宁居""迁徙往来无常处"。这显示当时华夏部族的融合尚处在较为激烈的战争状态，而黄帝也未真正建立稳定的中央王权。如前述，只有到了"历象日月星辰，敬授人时"的尧舜那里，才形成以制历授时为中心的天下，进而衍生出诸侯尊王格局的封建大一统模式。

东周以后，天子权威下降，与之相伴的恰是以观象授时为中心的历政的崩溃，即司马迁所说的"周室微，陪臣执政，

---

[1] 参见严文明：《中国史前文化的统一性与多样性》，《文物》1987年第3期，第38—50页。
[2] 参见许宏：《何以中国：公元前2000年的中原图景》，北京：生活·读书·新知三联书店，2014年，第95页。
[3] 杨向奎：《大一统与儒家思想》，北京：北京出版社，2016年，第24页。

史不记时,君不告朔,故畴人子弟分散"(《史记·历书》)。"畴人子弟"即掌握制历技术的世袭专家。随着这些专家的流散四方,历术知识传播开来,当时诸侯也开始注重观测星象,希望预知"天命"以助力自己参与争霸。那么,与历政崩溃相伴的,便是从礼崩乐坏走向兵燹肆虐的春秋战国时代。

那么,封建下的战乱如何孕育后来的郡县大一统?这里,我们可以先对春秋战国的战争模式作一个大体的观察。很明显,春秋霸主时期的战争与战国七雄时期的战争有显著差别。从军队人数看,春秋时交战各方的战斗人数一般在几万级别,而战国时一场战争的军队人数往往是数十万级别,比如在著名的长平之战中,被坑杀的赵国士卒就达40多万。从军队成员看,春秋时正式战斗人员一般是由贵族、国人所组成的战车阵列,平民没有参战的资格,只能承担后勤杂役,因此军队人数不多,而战国时战争人数多,正是因为全民皆兵,战斗以步兵阵的厮杀为主。再者从战争目标看,春秋时期的争霸战争并不以消灭、吞并敌国为目的,而是把敌方打屈服,逼其签订城下之盟即可,最终意图是要迫使敌方承认胜者的霸主地位,即所谓"叛而伐之,服而舍之,德刑成矣"(《左传·宣公十二年》);而战国时的交战,则是赤裸裸地吞并蚕食敌方领土,毁其宗庙国祚。因而,二者从战争风格上看也有明显差别,春秋时期的争霸战争充满仪式感,是"文绉绉"

的。比如繻葛之战中,郑军射中周天子,郑庄公夜里还要派人去"问候"周天子的伤势。而战国的战争,就是赤裸裸的"争地以战,杀人盈野;争城以战,杀人盈城"(《孟子·离娄上》)了。但正是如此残酷之战争,造就了秦之大一统。可以说,春秋战国的战争,总体态势是从"低烈度"向"高烈度"发展。

那么,如何理解这种发展?赵鼎新提出了一个有意思的观点。他认为,正是春秋争霸时期那种频繁的但又非毁灭性的局部性战争,孕育了后来战国兴起的效率导向型的工具理性文化,使整个周代封建社会向高效率国家机器发展。[1]换言之,正是那种"低烈度"战争,亦即意在迫人承认霸主地位而非毁人宗庙的"文绉绉"的战争,使得交战双方都有大把机会去反思和改善己方军队乃至整个国家在战争中的不足,从而不断提高国家力量的整合效率。那么,正是在这种战争驱动下,当时各国开始向原本没有参战资格的平民征兵。由此,战争开始转向以步兵方阵为主的厮杀。而为了动员更多战斗力量,户籍制、军功爵制也就开始出现了。相应的,平民阶层开始崛起于时代舞台。为了抑制旧时代封建宗法制贵族,提高平民阶层在军功体制中的积极性,成文法也开始出现了。正是这种"低烈度"战争的酝酿和导向,春秋战国社

---

[1] 赵鼎新:《东周战争与儒法国家的诞生》,夏江旗译,上海:华东师范大学出版社、上海三联书店,2006年,第20—22页。

会开始走向"高烈度",向高效运转的国家机器发展。

郡县制的出现,起初正是与春秋战国的战争局势发展有关。县在春秋中晚期已经在各个诸侯国中出现,最早可能施行于楚国。楚庄王因陈国夏徵舒之乱而举兵灭陈,一度将陈国变为"县"。可以说,县一开始只是一种对征服地的临时管理机构。"县"字通"悬"。"悬"一方面有"悬而不封"之意,即国君攻打下一块地之后,暂时不封给卿大夫,而是先派官员直接管理。[1]这意味着,县在日后还有可能再分封给某个贵族,从而回到封建制格局。另一方面,"悬"又有"悬挂于君"之意味,也即国君能够绕过封建层级,进行垂直的掌控管理。[2]因此,县作为当时一种新的国家治理模式,由于适应了新兴集权国家的需要,开始在战争局势中由临时管理机构走向常态化制度。而郡一开始也带有浓厚的军事色彩,很可能是一种边境的军事重镇,如魏之上郡、楚之汉中郡、赵之代郡等。彼时的郡还不一定是后来那种高于县的行政区域,而是经过慢慢演化才在秦汉成为正式的郡—县行政架构。[3]可以看到,正是战争的时代环境促成了郡县的发明,使之演化为行政区

---

[1] 参见李勇刚:《天下归心:"大一统"国家的历史脉络》,北京:人民出版社,2021年,第117页。
[2] 参见干春松:《中华文化简明读本》,北京:中国社会科学出版社,2017年,第46页。
[3] 在西汉中期以前,郡仍旧有很明显的军事色彩。参见(日)纸屋正和:《汉代郡县制的展开》,朱海滨译,上海:复旦大学出版社,2016年,第73—110页。

域制度。随着秦国虎狼之师的节节胜利,郡县制由此成为此后大一统中国的基石。

二、从魏晋到隋唐

汉末,黄巾军起,天下大乱。此后,曹魏、蜀汉、东吴三国鼎立。虽然司马氏再度完成统一,但西晋国祚极短。究其因,在于西晋立国之初,晋武帝为防范世家大族如司马氏当年觊觎曹氏政权一般觊觎自家政权,所以大封同宗子弟为王,赋予诸王以相当大的自治权力,冀以此藩卫帝室。这就又很大程度回到了封建大一统模式,为日后八王之乱埋下巨大隐患。八王相继而起,挟持帝室,殊死相争,很快天下又陷入大乱。更严重的是,八王相争的过程中,各方多少都借助了北方少数民族军事力量,以图凭借骁勇善战的塞外力量在战场上所向披靡。由此,北方少数民族深度参与中原逐鹿之争,进一步引发了"五胡入华",进而开启了长期战乱的南北朝时代。但这个时代,也是一个孕育新机的中华民族大熔炉时代。从晋室东渡开始,中国进入一个长达 200 多年的南北对峙时期。这 200 多年的大分裂,是如何孕育出一个气势恢宏、开放包容的隋唐大一统国家的呢?

这首先要归功于人心大一统的强大吸引力。秦皇汉武之后，大一统的家国观念更加深入人心，乃"天地之常经，古今之通谊"(《汉书·董仲舒传》)。儒家提出的"大一统"理念，经过汉武帝而落实为规模庞大的统一的郡县制国家。这使得之后"即使在中国分崩离析的时代，无论朝野，这统一的思想始终浸润在人们的心间"。[1] 所以，魏晋南北朝时期的中国虽然是分裂的，但人心仍向往回到汉代的大一统盛世。因此，从政治理念的角度看，魏晋南北朝的分裂时代仍然具有强大的统一性的底色。就如三国之鼎立，曹魏发动的赤壁之战，蜀汉发动的北伐，都志在一统天下，恢复汉室往日荣光。今人称刘备所建立的政权为"蜀"，是因其政权大部分在蜀地的方便说法。刘备政权的真正国号是"汉"而非"蜀"，刘备是以"刘皇叔"的身份建立政权而延续汉室的，意味着其定位是汉家大一统天下的正统继承者，而非偏安一隅的割据者。这在诸葛亮名篇《后出师表》中也表露得很清楚："先帝虑汉贼不两立，王业不偏安，故托臣以讨贼也。"

南北朝对峙时期，回归统一始终是人心所向和正义口号。其中最著名的是东晋初年祖逖的北伐之举。这位"闻鸡起舞"典故的主人公，于公元313年率部曲数百人渡江，中流击楫而誓曰："祖逖不能清中原而复济者，有如大江！"(《晋书·祖逖传》)辞色壮烈，众人无不动容感慨。经过一路艰苦奋战，

---

[1] 杨向奎：《大一统与儒家思想》，北京：北京出版社，2016年，第3页。

祖逖发展壮大队伍，攻克盘绕中原的豪强势力，收复了黄河中下游大片地区。然而，晋元帝司马睿实际上并无北伐之志，他不好明面反对祖逖，只能消极应付，没有给予大力支持。最后在东晋内部权力斗争的压力下，祖逖被迫放弃北伐，丢失收复的故土，郁郁而终。尽管失败，但这一谋求统一的北伐之举仍受到后世史家的广泛称赞。东晋在名臣王导"克复神州"的口号下，也相继出现过庾亮、庾翼、褚裒、殷浩、桓温等士族权臣主导的北伐之举。尽管这些门阀士族互为政敌，但不妨碍恢复大一统是他们当时的共识。

不唯汉人士族，在北方胡人那里，许多政权的建立也以统一华夏为志业，典型如匈奴人刘渊建立的汉赵政权。尽管出身匈奴，但刘渊的自我认同却是刘邦汉室之裔，他建立的"大汉"政权正是志在绍复汉家之大一统。这位成长于洛阳的塞内匈奴部曲"边缘人"，自小参与西晋朝贡仪式中的天下秩序建构，树立了一种对华夏天下文明的认同感。[1] 他尤为强调，血统并非华夷之别的决定因素，而在于"德"，实质即在于是否认同中华政教，即所谓"大禹出于西戎，文王生于东夷，顾惟德所授耳"（《晋书·载记第一》）。公元308年，刘渊称帝，揭开了"五胡入华"的序幕。之后，氐人苻坚建

---

[1] 参见侯旭东：《天下秩序、八王之乱与刘渊起兵：一个"边缘人"的成长史》，载氏著：《汉家的日常》，北京：北京师范大学出版社，2022年，第515—558页。

立的前秦政权，同样以统一华夏、绍续正统为职志。在著名的淝水之战前，尽管受到臣下劝阻，苻坚仍坚持说"吾统承大业垂二十载，芟夷逋秽，四方略定，惟东南一隅未宾王化。吾每思天下不一，未尝不临食辍餔，今欲起天下兵以讨之""非为地不广、人不足也，但思混一六合，以济苍生"（《晋书·载记第十四》）。可见其大一统愿望十分强烈。之后，鲜卑人拓跋珪称帝，建立北魏政权，自认为黄帝之裔，同样心慕"《春秋》之义，大一统之美"（《魏书·帝纪第二》）。这些少数民族政权的大一统愿望，背后有着深深的中华文明认同感在支撑。[1]

顺着这种大一统的人心所向，要实现秦汉大一统的往日荣光，还需要有一支强大的政治力量。那么，这支力量从哪里来呢？显然不是南方文弱的门阀士族。东晋开国，是建立在以琅琊王氏为主导的门阀士族与晋元帝司马睿之间相对平等的政治合作之上的，这就是后来史称"王与马，共天下"的格局。田余庆先生将之进一步阐明为"皇帝垂拱、士族当权、流民出力"的政治模式。[2] 在这个模式中，皇帝都是司马家的，士族则通过长期的内部或明或暗的权力角逐来获得当权地位，因而难以形成一致向北的统一力量。同时，这些士

---

[1] 有关中国认同的分析，第二章第一节有进一步论述。
[2] 参见田余庆：《东晋门阀政治》，北京：北京大学出版社，2012年。

族以清谈玄远的生活方式为时尚，以文弱秀美为审美趣味，而以习武操戈、文书事务为污浊羞耻，更难形成有战斗力的军队。当年侯景南下乱梁的时候，南朝梁将庾信望见侯景的铁面胡骑，极为害怕，未战而溃。南朝士族的文弱于此可见一斑。所以，能统一中国的政治力量，只能是北方强大的异族皇权。

前面说到过，隋唐统一依靠的是北方少数民族军事贵族与关陇汉人豪族深度结合形成的"关陇集团"。其形成实质上是数百年北方在政治、社会等方面胡汉杂糅的结果。经过数百年的胡汉杂糅，北方政权逐渐孕育出一种异族皇权、国人武装、军功贵族相结合的统治模式，即由少数民族皇权统治多数民族人民，并得到国人武装和军功贵族的支持。这里的"国人"是指占统治地位的少数民族依靠本族的部族纽带紧密联系而形成的自由民团体，正是这种部族的强大凝聚力，保证了国人武装的强大战斗力。[1]借助这种强大的异族皇权模式，再加上北魏以来实施均田制，即用国家掌握的大量荒地使广大丧失土地的农民同土地重新结合起来，一定程度上恢复了秦汉编户齐民的社会状态，从而激发了民众耕战的热情。

---

1 参见阎步克：《波峰与波谷——秦汉魏晋南北朝的政治文明（第二版）》，北京：北京大学出版社，2017年，第171—177页。

由此，北朝逐渐蓄积起统一中国的巨大能量。[1]

三、从五代到元朝

安史之乱后，大唐由盛转衰，藩镇割据势力开始崛起。进一步的演变，就是兵祸横行的五代十国的军阀混战时代。这是一个武将不断叛变、政权不断更迭的时代，而更迭方式是从一开始坐拥地方军事力量的藩镇节度使的叛变，发展演变为执掌京师戍卫的禁军首领的叛变。开创赵宋政权的太祖赵匡胤，其"黄袍加身"走的正是禁军首领篡位的路子。由"陈桥兵变"登极的赵匡胤，必然也要严防臣下尤其是军队将领发动另一场"陈桥兵变"，所以就有了后来的"杯酒释兵权"，外罢拥兵自重的藩镇，内罢典领禁军的宿将。具体办法就是全面分割其权力，所谓"削夺其权，制其钱谷，收其精兵"。这样，安史之乱以来武将的政治、经济、军事独立自主权就被彻底分割。由此，文官的政治地位上升，形成文武分途、以文制武的宋朝"祖宗家法"，保障了皇权的集中。与这一过程相伴的是宋太祖的统一方略。太祖有句名言："天下一家，卧榻之侧，岂容他人酣睡？"话虽露骨，但可见其大一统政

---

[1] 有关北朝的均田制改革，参见张守军：《中国古代的赋税与劳役》，北京：商务印书馆，1998年，第31—35页。

治理念之深。公元976年，太祖基本平定南方，未及全面收复中原而中道崩殂。宋太宗接续太祖之业，但始终未能攻克辽人所占据的中原要地燕云十六州。究其因，正是当年太祖猜忌武将、以文制武、分割兵权所产生的副作用，那就是武将在战场上没有自主决策作战的空间，打仗必须严格按照事先规划好的"阵图"来打。如此，宋军怎么应对瞬息万变的战场呢？这就是以文制武的"祖宗家法"所带来的弱兵问题，也阻碍了宋朝太祖太宗统一大志的完成。从此，宋朝转入战略防守，历史进入宋辽、宋金、宋蒙的南北对峙时期。[1]

那么，历史又如何走出这一时期？

不妨仍先从观念层面说起。汉唐以来，大一统政治理念深入人心。而在两宋，大一统理念衍生出了其变种，即正统论。正统论的兴起，与两宋时期华夷对抗所产生的严华夷之辨的思潮有关。宋人在与北方辽金政权的对抗中，发展出一种深深的异族警惕意识，乃至打破先秦以来"夷狄可进于中国"的文明观，强调华夷之间血气不通、政教不同。比如苏轼说过："夷狄不可以中国之治治也。譬若禽兽然，求其大治，必至于大乱。"（《苏轼文集》卷二《王者不治夷狄论》）朱熹也说："（夷狄）便在人与禽兽之间，所以终难改。"（《朱子语类》卷四）但是这种华夷区隔的意识不同于那种发源于

---

[1] 参见虞云国：《细说宋朝》，上海：上海人民出版社，2002年，第30—59页。

欧洲近代民族国家的民族主义，而是需要结合宋人的道统论来看，才能完整把握。也就是说，在宋人那里，华夷之辨在于强调宋朝继承的是尧舜禹汤文武以来的道统，而这种道统是一种三代天下之治的中国原理，内含一种继承自汉朝大一统而有所变化的政治原理。因此，宋儒的华夷之辨仍然隐含着大一统的理念和抱负。它并未发展出一种割裂中国的狭隘民族理念，而是要恢复四夷归附中国的本来应然的天下秩序。这种正统论的大一统维度始终贯穿两宋，在欧阳修、朱熹那里尤为明显。欧阳修在其政论名篇《正统论》中对"正统"的定义是："正者，所以正天下之不正也；统者，所以合天下之不一也。"(《欧阳居士集》卷十六)朱熹同样明确表达："只天下为一，诸侯朝觐，狱讼皆归，便是得正统。"(《朱子语类》卷一百〇五)后来，正是这种隐含大一统政治功业之向度的正统论，反过来激发元人发动灭宋战争，去实现中国之所以为中国的文明原理。[1]可以说，宋人的正统论作为汉代大一统观念的重要补充，为下一阶段多元一体的新大一统政治模式准备了思想条件。它确保了中国不会分裂为单一族群的民族国家，而是在多民族的向心凝聚的大一统历史延长线上发展。

---

[1] 以上参考江湄：《正统、道统与华夷之辨——论南宋的"中国"认同及其历史意义》，《中国哲学史》2022 年第 3 期，第 33—43 页。

从另一方面来看，这种严华夷之辨的意识客观上又激发了两宋军民保家卫国的斗志，有助于缓冲战火的迅速南下对中华文明根脉的破坏，也使得游牧部族有足够的时间去适应中华化的过程。从历史经验来看，许多北方游牧部族在进入中原地区或农业区的初期，往往具有较大的破坏性。[1] 典型如靖康之难。公元1127年，金人攻入并洗劫开封城，俘虏宋徽宗、钦宗父子，乃至宗室、百官、宫女、戏子等；金军还强暴皇后和众多嫔妃，洗劫开封民众大量财产，俘虏无数人为奴隶。"靖康耻"成为刻在南宋君民意识深处的奇耻大辱。这次南下虽然灭了北宋，但金人由于初入中原，对农耕社会的统治经验不足，所以只扶立了一个傀儡政权"大楚"，然后裹挟无数战利品北归，留下开封城的一片废墟，足见其破坏性极大。可以看到，像两宋军民的抵抗意志所带来的战略缓冲，不仅守护了文明的根脉，而且也使得有能力实现大一统的北方游牧部族，能够有时间充分完成其中华化的过程。当然，这种战略缓冲作用对于解释魏晋南北朝的民族交融过程也适用，只是在两宋之后更加明显。辽、金、元等北方政权胡、汉两套制度并行的实践，就是典型表现。

这一点，清朝政权做得成熟而极致。在入关前与明朝军

---

[1] 参见葛剑雄：《统一与分裂：中国历史的启示（修订本）》，北京：商务印书馆，2013年，第197—198页。

队抗衡的时期，女真人就在关外建立了定居的城邑，从事农耕和边贸，实行中原的行政制度。尤其清帝在入关前还通过传统中国的祭天仪式，表达对中华正统政教符号的继承，这为他们南下统治中原农耕族群打下了良好的先行基础。所以清军入关，能够很快结束明末以来农民起义造成的混乱局面，与此种工作有着很大关系。清朝政权入主中原以后，还创造性地消解两宋以来严分华夷的狭隘的正统论，吸纳融合了内地与边疆的若干思想因素，创造出了一种新的正统观，即依靠边疆少数族群对藏传佛教的信奉，建立起一种对旧的正统观的补充性诠释框架，以此消解华夷之辨所带来的民族隔阂，从而有力支撑多元一体的统治模式。[1]

另外有一点需提及，无论是魏晋南北朝还是两宋时期的南北对峙，客观上都扩大并稳固了后来大一统中国的疆域。主要原因就在于战乱所导致的中原人口向边疆的流动，为后来中央朝廷对边疆的有效统治打下了基础。比如秦汉时期，当时中央朝廷对闽越地区的控制较为薄弱，主要依靠几个被百越部族环绕的孤立的据点。到了三国时期，东吴政权在此扎根，吸收了许多从中原逃避战乱的流民。流民的到来和定居，加速了对闽越地区的开发，中原汉人也在与闽越部族的

---

[1] 参见杨念群：《"天命"如何转移：清朝"大一统"观的形成与实践》，上海：上海人民出版社，2022年，第231—303页。

冲突和交往中产生你中有我、我中有你的混居格局，从而加速了南方闽越部族融入中华民族共同体的进程。与此同时，随着南方人口的增多，边疆的开发也自然发生。这个过程一直持续发生。明清之际，由于土豆、红薯等美洲山地作物的引进，人口猛增，增加的人口不仅充实了内陆山区，而且很多流向了东北和台湾等地。可以说，清代的移民和开垦最终确立了统一的中国版图，奠定了边疆地区人民与中原人民深厚的血脉联系，一定程度上阻遏了近代列强对中国边疆地区的瓜分。[1]

《三国演义》开篇有句话，我们耳熟能详："话说天下大势，分久必合，合久必分……"由上可见，正是由于中华文明的统一性力量，故"分久必合"。至于"合久必分"，则只适用于描述唐宋以前的中国历史。因为元朝开创多元一体的大一统中国格局后，朝代更迭已没有再导向长期的分裂对峙，而是又能以统一性的巨大能量迅速恢复大一统，以大一统的政治形态延续中华正统。这说明元朝之后，大一统的中华文明进入了更加成熟的时期。

---

[1] 葛剑雄：《统一与分裂：中国历史的启示（修订本）》，北京：商务印书馆，2013年，第118页。

第三节　天府之国：大一统中国的自然优势

前面两节，我们从中国历史的分与合两个维度，力求全方位去呈现中华文明的统一性的政治形态，深入把握大一统政治模式的巨大向心力。除此之外，独特的地理环境，以及奠基于其上的交通、经济等物质层面的因素，也是我们理解中华文明统一性之形成的重要面向，需要加以关注。这里不是提倡一种地理决定论，而是强调这些因素不可或缺。冯友兰先生说中国地处"东亚之天府"。确实，中国是天府之国，中华民族能开创出大一统的政治文明，离不开其得天独厚的自然优势和物质基础。

一、农耕文明与商贸往来

数百万年来，西风带持续将中亚内陆戈壁沙漠的黄沙裹挟而下，往东南方向倾泻，形成上百米厚度的广袤的黄土高原。同时，发源于青藏高原巴颜喀拉山北麓的黄河，绕过千山一路往东奔涌而下，穿越土质疏松的黄土高原。在庞大的支流网络的加持下，黄河又将黄土高原上的大量泥沙冲刷而下，形成广袤的华北冲积平原。再加上适量的降水以及适当的温度，黄河沿岸的黄土高原和华北平原适宜农耕，很早就成为中华早期农耕文明的摇篮。黄河，就是中华文明的母亲河，黄河文明成为中华文明的重要组成部分。广袤的黄土高原以及华北平原，为中华文明统一性的形成提供了最为基础的物质条件。我们可以对比欧洲文明形成的地理因素来加深理解。作为西方文明的发源地，欧洲大陆地理形态的主要特征就是多山及多岛屿。多山的地势把欧洲分割为相互交通不方便的几大块：高耸的阿尔卑斯山把意大利隔离在亚平宁半岛，比利牛斯山脉把西班牙和葡萄牙隔离在伊比利亚半岛，巴尔干半岛的多山地貌则曾经将古希腊世界区隔为众多独立城邦的形态。这一多山的地理因素，很大程度上给当年庞大的罗马帝国的统治带来不便，导致罗马帝国的行省带有很强的自治性，成为后期分裂的重要因素。虽然多山，但欧洲一带的海域，尤其是地中海的风浪却很小，非常有利于出海航行，这造就了发达的航海文化。正是这种多山而又三面环海的地理环境，孕育了欧洲以分离为方向而四向扩张的海洋文明。

相比之下，广袤平实且土质易于开垦耕种的黄土高原和华北平原，孕育的则是向心凝聚的农耕文明。《诗经》里有许多优美的农业诗歌，可以反映中华农耕文明的气象：

同我妇子，馌彼南亩，田畯至喜。（《七月》）

我黍与与，我稷翼翼。我仓既盈，我庾维亿。(《楚茨》)

信彼南山，维禹甸之。畇畇原隰，曾孙田之。我疆我理，南东其亩。(《信南山》)

倬彼甫田，岁取十千。我取其陈，食我农人。自古有年。(《甫田》)

有渰萋萋，兴雨祁祁。雨我公田，遂及我私。彼有不获稚，此有不敛穧。彼有遗秉，此有滞穗，伊寡妇之利。(《大田》)

蓺之荏菽，荏菽旆旆。禾役穟穟，麻麦幪幪，瓜瓞唪唪。(《生民》)

命我众人，庤乃钱镈，奄观铚艾。(《臣工》)

率时农夫，播厥百谷。骏发尔私，终三十里。亦服尔耕，十千维耦。(《噫嘻》)

丰年多黍多稌，亦有高廪，万亿及秭。(《丰年》)

载芟载柞，其耕泽泽。千耦其耘，徂隰徂畛。(《载芟》)

畟畟良耜，俶载南亩。播厥百谷，实函斯活。(《良耜》)

这些古朴的早期农事诗歌，除了让我们感叹于中国古代农业的发达早熟、古代农民的勤劳吃苦精神、古人对农作物和农器的细致分类以及古人对于农耕生活方式的深厚感情,更重要的是让我们看到这种带有明显集体风格的农事生活所展现出来的中华文明统一性的雏形,也就是"命我众人""十千维耦""千耦其耘"等诗句所展现的古代大规模集体耕作的情形,以及"雨我公田,遂及我私""我取其陈,食我农人""率时农夫,播厥百谷。骏发尔私,终三十里"等诗句所展现的官府有序领导下的公私分明的耕作与分配。这样,从微观的层面,我们也能直观看到中华文明的大一统政治秩序是如何扎根于中华大地上的农耕生产生活方式之中的。

随着农耕文明在这片广袤大地上的发展,各种水陆交通自然也逐渐发展密集起来,将早期中国满天繁星般的众多文化聚居点联结成一片,并向着往后的超大规模的统一政治体而发展。从最早的黄帝的"披山通道"(《史记·五帝本纪》),到大禹的"别九州,随山浚川,任土作贡"(《尚书·禹贡》),到西周修建完善的"周道如砥,其直如矢"(《诗经·小雅·大东》)的道路系统,再到秦始皇统一天下后的"车同轨",以及汉武帝为经略西南夷而凿通的道路等等,庞大密集的交通网络一步步夯实了大一统政治体的物质基础,保证了政令、人力、物流的畅通。而随着交通网络的扩大,全国性的商业自然而然也就发展起来了。全国性商业的发展,加速了中国大地上各种物产的流通，方便了民众的生产生活。如司马迁所描绘：

> 夫山西饶材、竹、榖、纑、旄、玉石；山东多鱼、盐、漆、丝、声色；江南出枏、梓、姜、桂、金、锡、连、丹沙、犀、玳瑁、珠玑、齿革；龙门、碣石北多马、牛、羊、旃裘、筋角；铜、铁则千里往往山出棋置：此其大较也。皆中国人民所喜好，谣俗被服饮食、奉生送死之具也。故待农而食之，虞而出之，工而成之，商而通之。此宁有政教发征期会哉？人各任其能，竭其力，以得所欲。故物贱之征贵，贵之征贱，各劝其业，乐其事，若水之趋下，日夜无休时，不召而自来，不求而民出之。岂非道之所符，而自然之验邪？（《史记·货殖列传》）

到了汉代前期，国内统一的市场环境，更是造就了全国商业的空前繁荣："汉兴，海内为一，开关梁，弛山泽之禁，是以富商大贾周流天下，交易之物莫不通，得其所欲。"（《史记·货殖列传》）可以看到，工商业阶层有着更为强烈的支持大一统的诉求，因为更广阔的国内环境和稳定秩序往往更有利于工商业的繁荣。所以，历史上的工商业者有着更加显著的忠君爱国、国泰民安、公平交易、嫉恶扬善的观念。[1]尽管由于中国古代重农抑商基本国策的长期推行，商人的积极性受到长期压抑，但不能忽视，工商业的税收在古代国家财政税收中占据着非常大的比重，并不比农业税收少。比如，春秋时期晋平公就说过，光靠一个都城里一天的市场税收，他就足以养活门下两千食客(《韩诗外传》卷六)。秦汉之后，工商业利润更加丰厚。很大程度上正是因为工商业的巨大利润在国家税收中占很大比重，若被豪强私家掌控则很有可能危害社会稳定，所以国家才要实行盐铁官营政策。而在面对匈奴等北方部族来袭时，盐铁官营所带来的利润支撑起了汉朝庞大的军费支出，对于维护大一统国家安定、维护中央集权政治稳定，有着非常重要的作用(参见《盐铁论·力耕》)。可见，由广袤大地所发展出来的全国性交通网络，进而由全国性交通网络所支撑起来的大规模商业活动，对于大一统中央集权国家的形成而言，无疑也是非常重要的自然条件和物质因素。[2]

---

[1] 参见葛剑雄：《统一与分裂：中国历史的启示(修订本)》，北京：商务印书馆，2013年，第150页。
[2] 古代中国之所以一直推行重农抑商政策，一个重要考虑是商人群体的流动性很大，在编户齐民的户籍社会中不易管理，会给社会稳定带来许多不确定性。但统治者也不可能为了社会完全安稳、不流动而去铲除商人阶层，因为商业在贡献税收、交通有无、方便民生等方面发挥着巨大作用。正因此，官府奉行的是"抑商"而绝非"灭商"。

二、地理差异与南北互补

大一统中国的地理基盘在黄河中下游流域,而随着文明的不断生长扩大,中国的范围涵盖了更为广阔的空间,包含更加复杂的地理因素。大体而言,它包含三大自然发展带:①秦岭—淮河以南的水田农业发展带;②此线以北到长城以内的旱地农业发展带;③长城以外的游牧狩猎发展带。[1] 这三个自然发展带涵盖了不同地貌。这些区域之间有不少地理阻隔,如山脉、大河、戈壁等。那么,这些地理因素是否阻碍了多元一体的大一统中国的形成?首先应看到,地理因素一般在文明发展的早期所起作用最大,而随着文明逐渐成熟,地理条件的限制就会被逐渐突破,因而地理因素的占比就下降了,地理条件的制约也就不足以阻碍大一统政治体的形成了。其次,复杂的地理条件虽然一定程度上会有阻碍作用,但也不完全是。尤其是上述①②③这三个自然发展带之间可以形成某种互补格局,反倒有利于多元一体的大一统模式的形成和稳固。以下再具体来看。

首先是③与①②之间的互补因素,也就是农耕区与游牧区的物产贸易需要。游牧经济不是一种自给自足的经济,许

---

[1] 参见费孝通主编:《中华民族多元一体格局(修订本)》,北京:中央民族大学出版社,1999年,第227页。

多物资需要通过与中原农耕区的贸易来获取,像茶叶、丝织物这些尤为大宗。另一方面,中原农耕经济虽然基本能够自给自足,但在国防上需要储备战马,而中原地区良马稀缺,这就需要通过与塞外草原民族交易而获得。此外,中原农耕区也需要游牧区产出的优质皮毛、奶制品等。因此,中原农耕区与塞外游牧区之间长期以来有着以茶叶、丝织物、良马、皮毛为大宗的贸易,这就是"马绢互市"和"茶马贸易"。这种因地理条件差异而产生的贸易互补,也是促成多元一体的大一统中国的积极因素。许多人会将注意力放在历史上许多次游牧民族南下掠夺的记载上,但也不能忽视农牧区之间在和平时期的无数次贸易往来的存在。这些没有被史籍特别记载的贸易活动,或许才是双方互动的主要模式。

其次是①与②③之间的互补因素,也即以秦岭—淮河为界限的中国南北方之间的政治经济上的相互依赖支持之关系。秦汉时期,中国的经济重心在秦岭—淮河以北的关东地区,它是朝廷财赋的首要来源。如前所述,从三国时期开始,东吴政权就加快了对南方地区的开发,中国的经济重心开始南移。随着魏晋南北朝的战乱频仍,原来北方的关东地区开始慢慢失去其首要经济重心的地位。尤其到了唐代安史之乱后,关东地区经济受到极大破坏,南方则因魏晋南北朝时期开始的不断开发,逐渐成为新的首要经济重心,人口逐渐繁密。

此后，唐朝虽然逐渐失去对关东地区的控制，却还能够硬撑上百年，依靠的正是南方尤其是长江中下游地区的赋税来源。到了宋朝，全国经济重心完成了从北方关东地区到南方江淮地区转移的历程。所以我们会看到，北宋的京师是建在开封而非洛阳，因为开封占据了从南方水路系统汲取江淮地区物资赋税的更加有利的地理位置，尽管开封处于四战之地，在防御北方游牧民族袭扰方面显然不如洛阳。可以说，北宋的立国仰赖了东南赋税的北上输入。在经济重心南移的同时，古代中国的军事重心显然仍在北方，因为有随时防范塞外力量南侵的需要。在交通尚未发达到一定程度的情况下，军事重心在北方，政治中心显然也跟着定在北方。所以元朝之后，国都基本都在北京。在经济、政治重心分别处在南方、北方的情况下，实际上就在南北方之间形成了一种相互依赖的关系：北方的统治能否稳固，有赖于对南方财赋的汲取；而南方的经济是否稳定，也有赖于北方政治军事的力量。因此，南下攻取中国北方的草原民族，势必也要进一步去攻取南方，完成大一统的事业，才能确保政权的稳固。如此，南北之间的相互依赖关系，客观上就促成了一种政治向心力，在地理物质条件的层面成为推动中国大一统的积极因素。[1]

---

[1] 以上分析，参考葛剑雄：《统一与分裂：中国历史的启示（修订本）》，北京：商务印书馆，2013年，第126—129页。

天府之国的自然优势和物质基础,孕育着大一统的中国规模。大一统中国政治的形成,反过来也会促进这个天府之国的有力治理。大一统政治的信仰,以及对于大一统治理优势的认知,经过几千年的历史经验,已经深入人心。自尧舜制历、大禹治水所形成的向心凝聚的政治规模以来,大一统政治架构就以合乎中华民族整体利益、以合乎"天下为公"理念的价值取向运作着。中央集权的大一统国家,能够集中人力物力,有力推动全国交通网络的密集化,从而形成遍布全国的巨大的经济流通网络,促进中华各民族的交流往来,加快中华民族共同体的形成。同样,中央集权的大一统朝廷,能够"损有余以补不足"(《老子·七十七章》),有效统筹协调全国区域发展的不平衡,并通过动用国家储备的方式去救济遭受天灾人祸的民众,从而维系社会稳定,保障生民利益。天下生民之利,即天下大义。正如司马迁借贾谊之言对秦始皇的统一功业所作的评价:

> 秦并海内,兼诸侯,南面称帝,以养四海,天下之士斐然乡风,若是者何也?曰:近古之无王者久矣。周室卑微,五霸既殁,令不行于天下,是以诸侯力政,强侵弱,众暴寡,兵革不休,士民罢敝。今秦南面而王天下,是上有天子也。既元元之民冀得安其性命,莫不虚心而

仰上,当此之时,守威定功,安危之本在于此矣。(《史记·秦始皇本纪》)

第二章
道统：中华文明统一性的精神根基

在这一章，让我们转入"道统"的角度来深入考察中华文明统一性的精神根基。前面说过，中华文明的统一性不仅体现在大一统的政治规模上，同时也在精神层面。正是这种精神层面的凝聚力量，构成了中华文明大一统政治模式能够分久必合、历久弥新的深层动力基础。民族的精神文化是更基础、更广泛、更深厚的力量。习近平总书记说过："在漫长的历史发展进程中，中华民族曾受过无数来自内部的矛盾与冲突和来自外部的挑战与威胁，如自然灾害、社会动荡、王朝更替、外部入侵等等，但中华民族却一次次战胜灾难，一次次渡过难关，使统一的多民族国家得以不断巩固和发展。究其内在原因，就在于中华民族产生和形成了为整个民族共同认可、普遍接受而富有强大生命力的优良传统。"[1] 正是中

---
[1] 习近平：《领导干部要读点历史》，《学习时报》2011年9月5日，第1版。

华优秀传统文化的守正创新，使得大一统的中华文明以及多元一体的中华民族具有如此强大的生命力和向心力。以下三节分别从心理认同、经学建构、哲学论证三个逐步深入的层次，来阐释"整个民族共同认可、普遍接受而富有强大生命力的优良传统"。

第一节　中国认同：统一性的心理基础

如前述，中国历史上的大一统政治之所以能分久必合、历久弥新，首先在于大一统政治理念的深入人心，使得历来许多王侯将相耻于偏安一隅，而要建立统一的功业。不过，我们可以设想一个"刁钻"的问题：那些来自塞外的草原民族，为什么首先是想征服南方去完成大一统，而非选择往北、往西去攻夺大片疆域？这似乎也可以形成另一种大一统？或许，这也会造就一个超大规模的国家，但它绝不是中华文明意义上的"大一统"，因为后者必须以"中国"为核心。对"中国"的认同，构成了大一统政治理念中更深层次的精神内核，它具有旋涡般的巨大力量，吸引着中国历史上周边族群不断参与到文明中心的逐鹿游戏,从而形成"中国旋涡"——它既是中华文明的认同特征,也是中华文明的生长方式。[1] 费孝通先生曾经指出,民族学关于民族定义中的所谓"共同心理素质",其实就是稳定的民族认同意识。[2] 那么,从中国认同及其不断丰富发展的义理结构入手,我们可以把握多元一体的中华民族的稳定的心理结构,从而在精神层面把握中华文明统一性的心理基础。

一、最早的"中国"

众所周知,"中国"二字目前可以追溯到的最早出处,是陕西省宝鸡市1963年出土的国宝级青铜器何尊的铭文,上面明确记载周武王克商后决定建都于洛邑,并以此地为中心统治天下,即"宅兹中国,自之乂民"。据此,彼时"中国"指洛邑这个城邦,其地望在今日之洛阳盆地。《尚书·梓材》载周公之言"皇天既付中国民越厥疆土于先王,肆王惟德用",其所云"中国"与"宅兹中国"的"中国"相当接近,即周人所征服的关洛一带的以洛邑为中心的地区。"国"的本义即

---

1 参见赵汀阳:《惠此中国:作为一个神性概念的中国》,北京:中信出版社,2016年,第19—50页。
2 费孝通:《代序:民族研究——简述我的民族研究经历与思考》,载费孝通主编:《中华民族多元一体格局(修订本)》,北京:中央民族大学出版社,1999年,第9页。

第二章　道统：中华文明统一性的精神根基 | 61

城邑，其原初造字以执戈保卫城邑为意象，故而又有政治权力之意味；而"中国"的原义就是指中央之城邦，由此衍生出以此中央城邦为核心的"王权国家"。[1] 不过，虽然语词中的"中国"目前最早可追溯到西周初年，但作为观念的"中国"或许还要更早，尽管它尚未明确表述为语词。[2] 至少殷墟甲骨文中的"中商""大邑商"等语词，已能表明"中国"观念并非晚至西周才出现。

那么，观念中的"中国"可以追溯到何时？根据前章所论，笔者认为仍然可以将其追溯到帝尧时代的制历活动所产生的大一统国家雏形中。"观象授时"需要"居中"。因为观象授时的核心技术是土圭测影，即用圭表测影的方法测定太阳年长度和校验二分二至，推算朔气，这就要求测影地点应当选在圭影能恰当呈现的中纬度地区。这个中纬度地区既不可能是东边接近莱夷的荒蛮地带，也不可能是黄土高原西部深入戎狄地带的荒凉戈壁，而只能是自新石器晚期以来就是文明摇篮的中原沃土地区。它在天文地理意义上被早期古人称为"天下之中"或"地中"。此即《周礼·地官·大司

---

[1] 参见许宏：《最早的中国》，北京：科学出版社，2009年，第2—6页。
[2] 就像费孝通指出的，"中华民族"这个词的正式出现是近代的事情，表明中华民族对自身存在达到了高度自觉。但这绝非意味着近代才有中华民族，相反，作为自在而尚未自觉的中华民族，其形成和发展演变已有几千年之久。参见费孝通主编：《中华民族多元一体格局（修订本）》，北京：中央民族大学出版社，1999年，第3页。

徒》中所云："日至之景尺有五寸，谓之地中，天地之所合也，四时之所交也，风雨之所会也，阴阳之所和也。然则百物阜安，乃建王国焉。"这个象征天地、阴阳、四时、万物均达致完美平衡状态的"地中"，就在中原文化核心区。尧建立大一统的部落联盟的关键在于掌握历术，而制历的关键在居"地中"，也就是居中央城邦以土圭测影，那么与大一统政治框架雏形一同诞生的，就是"中国"观念的雏形。

我们也注意到，尧的观象授时是派羲和四子分赴四方进行的。这与居中测影并不矛盾，因为早期历术观测所得数据一般很粗疏，需要多方测量校准，因此四子分赴四方是配合居中测影的授时工作而进行的。这时，中央与四方的观测工作难免会有误差，因此需要天子定期巡守四方来校准历法参数的误差，这就是《尚书·舜典》中提到的帝舜巡守四方时所做的"协时月正日"的工作。由此还可进一步看到，作为早期国家统治天下的重要制度，巡守制度同样要求天子居中。如第一章所指出的，天子施德于诸侯以维系天下向心力，需要在巡守的活动中展开。那么，从中心点出发巡守，能够最大程度缩短中央与四方的距离，耗费的路程无疑最少。在交通不便的早期，这样既有利于天子与四方诸侯保持亲近，也有利于最快应对四方随时出现的叛乱情况，以维系大一统政治格局稳定。另外从四方入贡的角度看，在运输成本巨大的早期，

天子居中也最能有效汲取四方贡赋。这就是周公营建洛邑后说的:"此天下之中,四方入贡道里均。"(《史记·周本纪》)

由此可见,居于中国,是与尧舜时代大一统国家雏形相伴而生的政治原理。这一政治原理在三代沿用不断,成为礼乐中国的成熟经验,所谓"王者必居天下之中,礼也"(《荀子·大略》)。虽然我们常自称炎黄子孙,将中国人的文化认同建构奠基于黄帝这一传说人物,不过从历史线索来看,史料所记的黄帝之治尚未形成"中国"观念的雏形。因为其统治并没有一个稳定的中心点,而是《史记》说的"迁徙往来无常处"。这是因为黄帝时期尚未成功摸索出能够让天下各个部族互惠互利的政治架构,所以黄帝需要不断地去征伐天下不顺者,无法形成真正有向心力的治理。这个瓶颈,如前所述,到了尧舜制历而奠定大一统国家雏形的唐虞时代,才被真正突破。在唐虞三代封建大一统的治理中,居中而治的原理有效维系了政治向心力,成为三代成功的治理经验。由此,因其成功的治理经验,"中国"便具备吸引力,形成政治认同的"旋涡"而开始不断生长。

二、生长的"中国"

观念"中国"的产生,与观象制历有关。而一旦产生,这个观念便不再局限于制历,而是顺着制历与政治权力的密切关系,开始孳乳出政治中心的含义,进而不断生长扩大。

春秋以降,周天子权威下降,名存实亡,诸侯逐渐不朝,各方霸主趁势崛起,问鼎天下。这时,随着政治中心的分散,"中国"不再仅指天子京师,还可以指诸侯国都。比如"吴王将耻不战,必不须至之会也,而以中国之师与我战"(《国语·吴语》)、"我欲中国而授孟子室,养弟子以万钟"(《孟子·公孙丑下》)中的"中国"就分别指向吴国、齐国的国都。如果把这些大诸侯国的"中国"点对点连成一片,我们就会看到一个更大的"中国"的网络。这样,"中国"就扩大了。它不再单指天子京师,而是天子京师与诸多诸侯国国都一块连接而成的封建礼乐制度下的更大范围地区。由此,"中国"扩大到周天子的王畿与晋、郑、宋、鲁、卫等主要诸侯国所连接成的地带,大致覆盖了黄河中下游地区。战国以降,随着诸侯国疆域的扩展,黄河中下游以外的地区开始进入"中国"的范围。比如秦军灭巴、蜀,并向蜀地大量移民,将疆域扩展到蜀地,由此巴、蜀也逐渐开始进入"中国"。战国后期,"中国"的范围已经向南到达长江中下游一带,向北则接近阴山、燕山,西向则延伸到陇山、四川盆地西缘了。随着秦汉郡县制大一统的完成,大概在东汉末,"中国"的范围逐步扩大到与内地郡县相应的范围,而"四夷"则主要指郡县以外的边疆民族地区。不过，汉代已开始出现将边疆地带及少数族群划入"中国"的观念，比如，东汉思想家王充说过："古之戎狄，今为中国。"(《论衡·宣汉》)

随着郡县制大一统进一步向更辽阔的多元一体的大一统疆域演进，以及国内外经济文化的进一步交流和发展，"中国"的范围自然也就不断生长扩大，从而涵盖大片边疆地区。唐宋以后，随着海上交通日益发达，中央朝廷与世界的交流日渐频繁，历代王朝在与东亚邻国、阿拉伯国家乃至世界各国的交往中常常自称"中国"。最典型的例子就是1689年清朝与沙俄签订《尼布楚条约》，明确使用了"中国"这一国名，并规定大兴安岭"岭阳流入黑龙江之河溪尽属中国"，以及规定"将流入黑龙江之额尔古纳河为界：南岸属中国，北岸属俄"。这里就可以看到，清代的"中国"即相当于包括边疆在内的全部疆域，涵括汉、满、蒙、藏、回乃至其他少数民族。所以，清代学者王绍兰在《说文段注订补》书中是这么定义"中国"的："京师为首，诸侯为手，四裔为足，所以为中国之人也。"至此，多元一体的大一统多民族国家成熟定型，而"中国"的范围经过长期生长扩大的历程也最终确定、成熟；无论作为地域名称还是国家名称，"中国"都包括了中国的边疆地区及其民族在内，故"中国人"也就指向中华民族共同体。[1]

那么,"中国"的范围扩大的内在动力机制是什么?为什么会显示出如此大的弹性和生命力?要理解这一点,仍需回到春秋战国,亦即"中国"观念的童年时期来看。如前述,彼时的"中国"大致涵盖以周天子为中心的诸多封建宗法制诸侯国,范围在黄河中下游流域,与四周夷狄相区别。春秋中晚期,四夷交侵,"中国不绝若线"(《公羊传·僖公四年》)。这时候,"中国"就有了强烈的华夷之辨的民族义涵。但在这种民族义涵中,文化差别要比血缘的差别更重要。这个特征在《公羊传·昭公二十三年》里有明确表述:"戊辰,吴败顿、胡、沈、蔡、陈、许之师于鸡父。胡子髡、沈子楹灭,获陈夏啮。此偏战也,曷为以诈战之辞言之?不与夷狄之主中国也。然则曷为不使中国主之?中国亦新夷狄也。"这里为什么说"中国亦新夷狄也"?东汉经学家何休解释说:"中国所以异乎夷狄者,以其能尊尊也。王室乱莫肯救,君臣上下坏败,亦新有夷狄之行,故不使主之。"(《春秋公羊传注疏》卷二十四)据此,称这些诸侯国为"新夷狄",乃是因为这些诸侯国不尊天子,无上下君臣纲纪,也就是礼崩乐坏了。

---

[1] 以上关于"中国"不断扩大的论述,参考费孝通主编:《中华民族多元一体格局(修订本)》,北京:中央民族大学出版社,1999年,第218—235页;葛剑雄:《统一与分裂:中国历史的启示(修订本)》,北京:商务印书馆,2013年,第20—23页。

由此看，虽然"中国"与"夷狄"有民族之别，但其标准在于文明礼乐而非体质血气。这种基于礼乐文明的可变的"中国"观，在后来的历史中得到进一步阐发。比如，汉代扬雄论及何为"中国"时，一方面强调"五政之所加，七赋之所养，中于天地者为中国"，显示出汉代郡县制大一统中国的色彩；另一方面又强调礼乐是判别是否为"中国"的关键，"无则禽，异则貊"（《法言·问道》）。又如，唐代韩愈名篇《原道》云："孔子之作《春秋》也，诸侯用夷礼则夷之，夷而进于中国则中国之。"（《昌黎先生文集》卷十一）然而最精辟的，莫过于唐代进士陈黯《华心》一文中的论述："夫华夷者，辨在乎心。辨心在察其趣向。有生于中州而行戾乎礼义，是形华而心夷也；生于夷域而行合乎礼义，是形夷而心华也。"（《全唐文》卷七百六十七）这段议论鞭辟入里，它不仅将华夷之别落到是否坚守礼义文明的差别上，更进一步落到对中华礼义的认同上，也就是"心"上。礼义与夷狄的区别，用钱穆先生的话讲，其实就是"生活习惯与政治方式"的差别。[1] 而"中国"所代表的生活习惯与政治方式，就是大一统政治框架下方方面面的文明生活。

春秋时期，"中国"与"华夏"大致同义，后者有更强烈的礼乐文明之内涵。《左传·定公十年》有"裔不谋夏，夷

---

[1] 钱穆：《中国文化史导论（修订本）》，北京：商务印书馆，1994年，第41页。

不乱华"之语，唐代经学家孔颖达解释"华夏"说："中国有礼仪之大，故称夏；有服章之美，谓之华。"（《春秋左传正义》卷五十六）到了魏晋南北朝时期，"华夏"与"中国"两个语词合并，进一步发展为"中华"。起初"中华"主要指魏晋朝廷九品中正制度内的门阀士族，也就是"衣冠华族"群体，这些高贵的士族群体在当时备受胡汉之景仰。西晋末年天下大乱之后，少数民族相继进居中原，建立政权，开始以"中国皇帝"自称，由此也有了"中华正统"的意识。由于北方胡人政权不遗余力地学习中华礼乐，推动中华化，受到南朝士族一定程度上的认可，因此"中华"也与"中国"一样具备巨大的包容性。比如鲜卑人的北魏政权不仅自居"中华"，甚至被南朝士族所景慕。而北朝末年的"中华朝士"，都是久居中土且熟稔华夏传统文化的士族大夫，其中就不乏鲜卑、乌桓、匈奴等族。[1]

　　回到前述问题，即"中国"生长的动力机制是什么？可以说，就在于"中国"所代表的礼乐文明的精神世界的巨大吸引力。赵汀阳指出，"中国"拥有一个具有最大政治附加值的精神世界，即一个人人都可以加以占用而有助于获得、保有和扩展政治权力的精神世界（具体而言，即汉字、思想

---

[1] 有关"中华"观念的论述，详参费孝通主编：《中华民族多元一体格局（修订本）》，北京：中央民族大学出版社，1999年，第244—248页。

系统、天命神学及其雪球效应），使得"中国"自身构成"旋涡"，吸引着历代逐鹿中原的胜利者去接续"中国"的天命叙述。由此，作为旋涡的"中国"，其体量便会不断生长扩大，其自我叙述也不断丰富和深化发展。[1]

三、旋涡的"中国"

这一节，我们用更具体的案例，讲讲"中国"旋涡的故事。

如前云，春秋时期的"中国"是以周天子为中心的封建宗法制区域。然而，孟子却说：

> 舜生于诸冯，迁于负夏，卒于鸣条，东夷之人也。文王生于岐周，卒于毕郢，西夷之人也。地之相去也，千有余里；世之相后也，千有余岁。得志行乎中国，若合符节。先圣后圣，其揆一也。（《孟子·离娄下》）

远古的帝舜是否出自东夷，今已难查考。但周文王所代表的周人群体原本出自西羌，也就是"西夷之人"，这一判断目前基本已为学界所证实。传说周人的始祖是唐虞时期的

---

[1] 赵汀阳：《惠此中国：作为一个神性概念的中国》，北京：中信出版社，2016年，第46—50页。

农神后稷,而后稷之子不窋因失职而被贬至西边戎狄之地,与蛮族杂居。到了公刘这一代才开始复兴后稷之业而渐进于中原,直至武王克商而回归"中国"。(参见《史记·周本纪》)但在现代学者看来,这种叙述更像是为了赋予本族以统治中原的合法性而作出的自我认同建构,尤其在自我历史叙述中强调"农业"与"定居"的元素,显然是为了显示自身与周边游牧部族的区别。[1]实际上,周人的始祖母是《诗经·大雅·生民》里歌颂的后稷之母"姜嫄","姜""羌"相通,可证周人应是从西羌的一支分化出来的。由此可见,从严格的血脉上看,很难说周人是黄帝之后裔。其实,不仅周人,商人出于东夷部落,自古以来就是定论。那么夏人呢?《史记·六国年表》序说:"禹兴于西羌。"这种说法究竟是否可信,或者大禹、商汤、周人的血脉是否如司马迁所述那般,都可以追溯到黄帝那里,其实并不重要。重要的是夏人、商人、周人尽管很可能出自四夷的不同族群部落,但他们最终都进入了"中国",并建构出一套基于祖先记忆的中国认同,而且保持了三代文化因革损益的连续性,使得共性大于特性。这就是最初版本的"中国"旋涡。

时间来到春秋时代,我们来看《史记·吴太伯世家》所

---

[1] 参见王明珂:《华夏边缘:历史记忆与族群认同》,台北:允晨文化,1997年,第212页。

列的吴国的先公谱系：

吴太伯 → 仲雍 → 季简 → 叔达 → 周章 → 熊遂 → 柯相 → 强鸠夷 → 馀桥疑吾 → 柯卢 → 周繇 → 屈羽 → 夷吾 → 禽处 → 转 → 颇高 → 句卑 → 去齐 → 寿梦

吴太伯为了让弟弟姬昌也就是后来的周文王能够继承大位而完成周人的天命，便放弃继承人之位，跑到荆蛮之地断发文身，以示不用。这一让国故事深为司马迁所景仰。然而，我们看"周章"之后的吴国先公"熊遂""柯相""强鸠夷"等名，充满浓郁的原始部族之风。那么，这是吴太伯后人部族化了，还是这个谱系本身就有问题？据现代学者考证，更可信的版本是，当年吴太伯并不是逃到荆蛮（今天的江苏一带），更大的可能是跑到今天陕西宝鸡一带中原的古吴国去了，而春秋中后期兴起的吴王寿梦，因为与晋国联合对付楚国，开始学习中原兵车战术以及礼乐文化，才逐渐中国化并建构了一套追溯到吴太伯的始祖记忆作为族群的自我认同基础。[1]其实，《史记·楚世家》中楚国的先公谱系也有相似的特点，他们甚至可以追溯到黄帝之孙高阳氏，但此后的先公名称如"附

---

1 参见王明珂：《华夏边缘：历史记忆与族群认同》，台北：允晨文化，1997年，第255—288页。

沮""穴熊""鬻熊""蚡冒"等,仍然透露出浓郁的原始部族气息,表明很可能他们本即荆楚土蛮,而高阳氏等祖先是他们进入"中国"后所建构的祖先认同。所以楚先公熊渠说过:"我蛮夷也,不与中国之号谥。"再看《史记·越王勾践世家》,里面也说越人祖先是大禹苗裔、夏少康之庶子,这其实很可能也跟吴人、楚人一样,本质上都是春秋时期"中国"旋涡的故事。

魏晋南北朝,北方少数民族相继在中原建立政权并谋求统一中国,更是上演了一出出更为典型的旋涡故事。前面说过,匈奴人刘渊建立汉赵政权(304—329),国号"大汉"。其所以姓刘,是因"初,汉高祖以宗女为公主,以妻冒顿,约为兄弟,故其子孙遂冒姓刘氏",其实并非真正嫡传。但其建立政权志在绍续汉家列祖列宗的功烈,"绍修三祖之业",流露出一种对中国文教的强烈认同。(参见《晋书·载记第一》)匈奴人赫连勃勃建立夏政权(407—431),国号"夏",意味其出自大禹后裔,故赫连勃勃自称"大禹之后",志在"复大禹之业"。其国都名为统万城,寓意统一天下。此外,建立前燕政权(337—370)的鲜卑人慕容皝、建立北魏政权(386—534)的鲜卑人拓跋珪,以及建立南凉政权(397—414)的鲜卑人秃发乌孤,都将其祖先追溯到黄帝,强调自身为中华正统;建立代国(315—376)的鲜卑人拓跋猗卢,将其祖先追溯到神农氏；建立北周政权（557—581）的宇文氏家族，将其祖先追溯到炎帝；建立前秦政权（351—394）的氐人苻洪，将其祖先追溯到有扈氏……[1] 这些"中国"旋涡故事的特色在于，他们并没有特别需要通过挂搭在上古某一人物典故来构建详细谱系，以此进入炎黄以来的中华文化系统，就如春秋时期吴人通过挂搭在让国的吴太伯、楚人挂搭在制作火历的重黎氏身上那样。相反，十六国的旋涡故事是统治者直接宣称是黄帝、炎帝等的后裔，并没有给出明确的传承谱系。而有没有这样的谱系，对于这些逐鹿中原的胡人政权来说似乎并不重要。重要的是"中国"这个观念有足够大的包容性，使得逐鹿中原的少数民族在获得军事政治胜利后，只要宣称本族出自中华上古某帝王，就能获得进入这个旋涡、参与权力游戏的门票。与这些胡人皇帝自称中华正统后裔的举动同时发生的，是更为浩浩荡荡的北方少数民族大规模的"胡人改汉姓"现象。改汉姓、胡汉通婚等民族融合趋势，使得后世鲜卑、氐、羯等族名逐渐消失在历史进程中，完全融入了中华民族共同体大家庭。

之后的旋涡故事并未停止上演，而且对于"中国"观念的文化特质有更高的自觉。比如宋辽对峙时期的辽道宗，汉

---

[1] 参见费孝通主编：《中华民族多元一体格局（修订本）》，北京：中央民族大学出版社，1999年，第157—159页。

人臣子给他讲读《论语》，讲至"夷狄之有君"一句而不敢作解。道宗理直气壮地说："吾修文物，彬彬不异中华，何嫌之有！"（《松漠纪闻》卷上）而自魏晋南北朝以来，在中国分裂的南北政权对峙时期，往往就会上演"中国之争"。南方政权自居华夏正统，贬低北方政权为"索虏"；北方政权以占据中原京师而自称中国皇帝，将南方政权贬低为偏安一隅的"岛夷"。这样的争斗，正是"中国"旋涡激起的巨大水花。这些水花并不会破坏旋涡，将中国分裂为多个民族国家，而是为新的多元一体的大一统中国做足了前期的政治准备。元明清时期，中华民族共同体的"中国"观念更进一步深入人心，以至于近代西方列强殖民入侵，蒙、藏、苗等民族为中国统一都作出了可歌可泣的抗争和牺牲。正是"中国"旋涡，塑造了今日新中国多民族统一国家的基本格局。

中华文明在过去很长时间以政治、经济、文化的大一统格局而领先世界，创造了灿烂辉煌的物质文明、精神文明、政治文明，成为世界各国尤其是周边族群争相学习的对象。正是这种先进性，凝聚起了旋涡般的"中国认同"，而"中国认同"又反过来增大了中华文明大一统政治的体量，两者是相辅相成的。

第二节 经史传统：统一性的经学建构

如上节所论，正是唐虞三代治理天下的成功经验，塑造了以礼乐文明为核心内涵的中国认同，并形成一个将周边族群卷进中国历史的旋涡，熔铸了中华民族共同体。现在进一步探讨的问题是，中国旋涡的维系无疑需通过一定的途径，而当东周礼崩乐坏、没有了礼乐实践之后，礼乐文明的中国认同又如何悠久传承？这就要归功于孔子述作六经的伟大事业。尽管礼崩乐坏，但三代的先王之道可以通过"斯文"来传承。文以载道，不仅指口耳相传的"文"，也指书写在竹、帛、碑石抑或后来纸本上的"文"。中华文明是拥有经典体系的伟大文明。正是通过对六经的传承和解释，中国认同得以悠久无疆，成为民族稳定的心理认同的重要支撑。而六经的传承和解释的开展史，就形成了中华思想学术核心的经史传统。

经史传统自身也是一个追求统一性的思想学术传统。当董仲舒跟汉武帝说"《春秋》大一统者，天地之常经，古今之通谊"时，这里的"大一统"根据语境应当是就"诸不在六艺之科孔子之术者，皆绝其道，勿使并进"，也即就思想学术统一性而言，是经学之大一统。通过确定一个统领思想活动的纲常，为文明的实践展开提供一个常道和法度，这既是述作六经的孔子，也是后世经学家的共同追求。然而随着历史的自身开展，后续每个时代势必会出现异于六经原本的时代的新问题，将六经重新置于时代问题中考验，迫使后世经学家努力提出能回应时代问题又能重塑经学统一性的解释方案。如此，对六经的理解在中国历史演进中就会不断更新而又维系常道。在这个过程中，六经指导人们如何创造历史，历史又影响人们如何解释六经。这就是经史传统的开展方式。经史传统，实则是一个统一、争鸣，再统一、再争鸣，如此不断的精神历程。因此，考察经史传统的统一性建构，是深入理解中华文明统一性的不可或缺的独立一维。

一、孔子与六经

六经，即《诗》《书》《礼》《乐》《易》《春秋》。寄托六经来保留先王礼乐，维系斯文，其实并非孔子的人生首选。孔子一生更多是在游历诸侯国，谋求施展政治抱负的机会，从而扭转礼崩乐坏的局面，恢复唐虞三代礼乐文明之治。但在那个变法图强的时代，也就是孕育新的郡县大一统的时代，孔子显然过于保守，也就难以获得任用。因此，孔子差不多把能试的诸侯都试过之后，自知实现政治抱负无望，才回到鲁国故乡，从事斯文事业。彼时孔子快要七十岁了，已垂垂老矣。在最后几年时光里，孔子总结毕生所学，整理六经，于《易》《春秋》用功尤深，以至于韦编三绝。孔子述作六经的成就，司马迁有经典评论："自天子王侯，中国言六艺者折中于夫子，可谓至圣矣！"（《史记·孔子世家》）"中国言六艺者折中于夫子"表明在太史公眼里，孔子述作六经就是一项实现文化统一性的伟大事业。

那么，孔子是具体如何实现这种统一性的呢？以下分别论之。

首先，对于《诗》《书》，孔子所做的工作是"论次"（《史记·儒林列传》）。"论"有择取之意，"次"则是编排目次。《诗》是一部诗歌总集，常被统治者用在各种典礼场合含蓄表达政治意图，故有"《诗》以达意"等说。《书》则是古代官方文件。经过唐虞三代上千年的积累，到孔子时，《诗》已有三千多篇，而《书》同样卷帙繁重。这么多官方文献，不仅不便后人学习理解先王之道，而且这里面难免有义理不够精纯的文献，因此就需要一番删繁就简、义理提纯的工作。

关于《诗》，孔子主要是取其"可施于礼义"（《史记·孔子世家》）者，将古诗三千篇删至三百篇。删减后，就需要作次序编排，故有风、雅、颂三种体裁。风即国风，主要是采自各诸侯国的诗歌，反映的是天下各地的风貌，具体有十五国风。雅则不以国别，而是"言天下之事，形四方之风，谓之雅"（《毛诗注疏》卷一）。雅是周王朝京都地区宫廷宴飨或朝会时的乐歌，分大雅、小雅。颂则是"美盛德之形容，以其成功告于神明者也"（《毛诗注疏》卷一），即周代贵族在祭祀场合用于歌颂祖先神灵的赞美诗。颂分商、周、鲁三颂。除了编排，每一首诗的编排又被孔子赋予一定的政教意义，比如《关雎》是讲"后妃之德"，《鹿鸣》是"燕群臣嘉宾"之诗，《文王》是叙"文王受命作周"之功烈，而《清庙》是周公率诸侯"祀文王"之颂诗（《毛诗注疏》卷一、九、十六、十九）。由此，《诗》浓缩了三代政教之美。

关于《书》，孔子首先做的也是删减整理的工作，精选其可施于政教者。尤需关注的是孔子选取文献的上限时间。即为什么孔子编《尚书》要从《尧典》开始，而不取尧舜之前的黄帝、颛顼等帝王时代的文献？这一方面确实如司马迁所说，尧以前的黄帝时代夹杂太多不可信的神话传说，"其文不雅驯"以至"荐绅先生难言之"（《史记·五帝本纪》），故孔子出于审慎态度而不取。另一方面，"《尚书》独载尧以来"自有深远意义。如前论，正因为有了尧制历，华夏才有大一统的国家雏形，才真正形成有向心力的中国认同。尧制历是一项开天辟地式的文明事件。故以《尧典》为首，是孔子编排《尚书》的慧眼独具。[1]

关于《礼》《乐》，孔子的工作是"修起"（《史记·儒林列传》），也就是用文本记录的方式尽力保存周代那些即将被荒废遗忘的礼乐实践。作为统治阶层的仪式规范，周代的典礼实践并不需要一开始就记录在文，而是作为贵族切身实践的知识被世代传授下去。只有到了人们已经不清楚这些具体仪式的礼崩乐坏的时代，为了保存这些昔日礼仪，才有记录之必要。[2] 比如《礼记·杂记下》谈及："恤由之丧，哀公使孺悲之孔子，学士丧礼，《士丧礼》于是乎书。"孔子所修之《礼》，即今日我们看到的《仪礼》一书，书里都是些非常繁复的仪式程序、身体动作、礼器标准等记载。可以想象，这些极为繁琐的仪式若不是被日常践行着，贵族们是很难记住细节的。因此当礼崩乐坏时，就很有书诸简帛的必要。至于《乐经》，因早已亡佚，现在已难知其内容。不过鉴于礼的场合必有乐，那么《乐》的体裁是否如同《仪礼》，即是一些音乐、舞蹈仪式的记录呢？有这可能。笔者猜测，《乐》有可能与《礼记·投壶》篇所载鼓谱类似，是一些音乐符号的记载。

---

1 参见金景芳：《孔子与六经》，载氏著：《金景芳古史论集》，长春：吉林大学出版社，1991年，第113—133页。
2 参见沈文倬：《略论礼典的实行和〈仪礼〉书本的撰作》，载氏著：《菿闇文存——宗周礼乐文明与中国文化考论》上册，北京：商务印书馆，2006年，第1—58页。

关于《易》，孔子则作《易传》以诠释《易经》。今本《周易》由《易经》《易传》构成，后者一般被认为出自孔子思想。而《易经》本是周代卜筮占测之书，具有浓厚的巫觋神秘色彩。它以阴阳二爻为基础，建立起8个三画卦、64个六画卦、386爻的卦爻体系，通过诉诸筮草背后源自天地的神秘力量来占测人生遇到的各种情景，获得行动指导。而孔子作《易传》的贡献在于淡化了这种神秘色彩，将其转化为对常道哲理的阐发。对于《易经》，孔子的态度是"我观其德义耳"（马王堆帛书《易传》）。比如《乾卦》爻辞原本是用龙一步步上升的意象为君子预测其政治事业是否顺利提供判断依据，而《易传》则在用理性化的阴阳时位原则解释卦爻辞为何有如此预测的基础上，进一步提炼出"天行健，君子以自强不息"的全卦义理。正是沿着这种理性化的解释方向，后来荀子提出"善为《易》者不占"（《荀子·大略》）的命题。孔子是要在这些变化的卦爻中提炼出背后不变的道理。由此，《周易》成为后世论述形而上学的经典依据，奠定了中国哲学的基本框架和话语体系。

《春秋》是最集中表达孔子政治主张的经书。孔子对《春秋》的工作是一种明确的"作"。孟子有言："世衰道微，邪说暴行有作，臣弑其君者有之，子弑其父者有之。孔子惧，作《春秋》。"（《孟子·滕文公下》）诸侯争霸，僭越天子，引发礼崩乐坏。《春秋》笔锋所指，首先是这帮乱臣贼子。故孟子曰："孔子成《春秋》而乱臣贼子惧。"通过批判春秋242年的现实政治史，孔子又将他的政治理想隐晦地体现在《春秋》中。具体而言，即在对这242年史事的书写中，通过曲折的笔法来体现微言大义，表达孔子对各种政治人物的褒贬，从而用深刻的历史教训总结政治经验，寄托政治理想。用孔子的话讲，就是"我欲载之空言，不如见之于行事之深切著明也"（《史记·太史公自序》）。由于《春秋》笔法过于隐晦，后世儒家在解释《春秋》旨意上出现许多分歧，产生多部解释《春秋》的著作，最基本的是《公羊传》《穀梁传》《左传》三传。这些争论最终都难以确定孔子的原旨是什么。实际上，孔子在《春秋》中所寄托的理想秩序到底是什么样的，似乎已不重要了。重要的是，这种通过历史来揭示道理、理解自身、获得启示的思维方式，使得"春秋笔法"深远影响后世史乘书写，塑造了中华民族善于"以史为鉴、开创未来"的民族品格。

二、汉代经学与董仲舒

孔子逝后，春秋战国并没有因为他整理过六经而有所"拨乱反正"，不仅局势由"文绉绉"的争霸演变为赤裸裸的血腥战争，而且思想界也出现了百家争鸣的局面。今天来看，这是一个思想极具活力的时代。但从古人角度看，争鸣意味着乱世。因此，战国诸子无不在展望思想统一，这一愿景与大一统政治理想是互为表里的。《荀子》的《非十二子》篇，《庄子》的《天下》篇以及《韩非子》的《显学》篇等，都是从不同立场出发探讨思想一统的方案。尤其越到战国晚期、秦汉大一统前夜，诸子就越出现汇综百家的思想特征。最典型的是吕不韦组织门客编纂的《吕氏春秋》。这部大书以黄老学为底色，以一年十二月为基本骨架，力图备载"天地万物古今之事"（《史记·吕不韦列传》），汇合先秦诸子思想成果，从而达到为秦朝新大一统制定法度的意图。[1]

不过，思想统一在秦朝走到极端。焚书坑儒，这种通过铁血来达到统一思想的手段，势必激起反弹。秦祚极短，也有此故。汉初反思秦政之弊，采取休养生息的黄老无为而治的思想。与这种无为之治相伴的，是汉初分封诸侯、中央政府集权能力有限。到了汉武帝行推恩令，彻底解决诸侯分权问题后，郡县大一统格局走向成熟，而汉武帝就需要一种新的意识形态，来为皇权的至上权威作论证，于是就有了著名的"天人三策"。以董仲舒为代表的汉代儒家走上了历史舞台，

---

[1] 参见匡钊：《先秦道家的心论与心术》，北京：中国社会科学出版社，2021年，第153—165页。

揭开了此后独尊儒术的历史。

对于董仲舒来说,他既需要抓住汉武帝策问这一历史机遇将儒家学说推向前台,又需要适应汉代大一统的新形势而作适当调整。董仲舒的答卷,集中在一段话:

> 王者欲有所为,宜求其端于天。天道之大者在阴阳。阳为德,阴为刑;刑主杀而德主生。是故阳常居大夏,而以生育养长为事;阴常居大冬,而积于空虚不用之处。以此见天之任德不任刑也。(《汉书·董仲舒传》)

这段体现了董仲舒理论构建的三个重要方面。第一,为王者施政建立了一个源自天道的形而上的价值基础,由此为汉代大一统政治建立了天道权威的保证。第二,通过论证天道对于阴阳的有所偏重,即天道偏重于阳(德教)而非阴(刑罚),论证了王者施政应当以德教为主,由此将儒家的德教理论嵌入大一统王朝治理中的关键地位,为后续进一步提出"罢黜百家,独尊儒术"的著名主张铺垫。第三,董仲舒的整个论证框架,也就是天道的阴阳与王道的刑德相对应的结构,实际上并非来自先秦儒家,而是来自黄老道家。尽管董仲舒对阴阳刑德的"德"的理解与黄老道家不同,前者指德教[1]，后者指无为，但可以看到，董仲舒在汉代新形势下对先秦诸子思想作了合理吸收，即借用了黄老的阴阳刑德的框架来嵌入儒家的德教论。当然，董仲舒不仅吸收了黄老道家的理论，而且也吸收了先秦其他子学的合理成分。比如，为了限制大一统君主滥用至高无上的权力，董仲舒在其天道阴阳刑德论中还引入了阴阳家的天人感应论，强调君主施政过当，会引发天变灾异，殃及国家。还有，董仲舒也注意吸收法家的刑名之学，以及在先秦名学的基础上进一步谈"深察名号"等论题（参见《春秋繁露》）。可见，董仲舒的理论工作就是在先秦子学成果基础上力求再度实现思想统一性，是一项综合创新的思想事业。

随着汉武帝表彰六经，儒学基本上成为历朝历代的官方学说。由于董仲舒吸收了黄老道家和阴阳家的阴阳五行理论，阴阳五行说也深远地塑造了汉代经学。《诗》家言五际六情，《书》家言洪范五行，《礼》家言明堂阴阳，《易》家言象数辟卦，《春秋》公羊家言灾异。[2] 其理论内核都是阴阳五行，由此深入推进了六经的统一性。汉代经学家又认为，孔子虽然未能获得权位而施展抱负，但他通过作《春秋》以及整理六经而成为"素王"。"素王"即没有帝王之位而有帝王之

---

1 董仲舒《天人三策》又言："王者承天意以从事，故任德教而不任刑。"（《汉书·董仲舒传》）
2 参见皮锡瑞：《经学历史》，周予同注释，北京：中华书局，2011年，第68—69页。

德的"王"。孟子说:"《春秋》,天子之事也。"(《孟子·滕文公下》)由于现实政治中只有天子才有讨伐诸侯的权力,而《春秋》一书通过微隐的笔法对诸侯进行褒贬,实际上是在精神世界的层面行使天子权力。这并不代表《春秋》没有发挥实际的效力,通过笔法褒贬,让乱臣贼子遗臭万年,可以震慑后世乱臣贼子。孔子行的是天子之事,然而内心未必真有"素王"的自我认同,但汉儒可以顺着"《春秋》,天子之事"的逻辑,进一步将孔子视为"素王",并且强调他"为汉制法"。换言之,孔子在《春秋》中寄托的王者法度是为汉朝准备的,因此汉朝负有实现孔子政教理想的历史使命。由此,孔子整理六经的思想统一性工作,在汉武帝这里得到一定程度的落实,而汉武帝也实现了政治与文化的双重大一统。

三、今古文经学与郑玄

然而,汉武帝所达到的某种程度上的思想文化大一统是短暂的。随着汉代经学的繁荣,经学内部也出现了诸多分歧,从今文经学内部多家解释的出现,再到古文经学兴起而导致的今古文之争。其实,学术争鸣是思想文化发展过程中自然而然的良好趋势,只是当这种思想学术又关涉王朝意识形态的统一性问题时，就需要国家层面对这种学术争鸣给出一锤定音的裁断，才能维系王朝自我叙事的合理性和连续性。终两汉之世，经学的争鸣时常发生，而官方和学术界都努力从不同角度去重建某种统一性。这里，我们需要对今古文经学有大致的了解。

今文经学与古文经学最明显的差别，在于书写文字及其背后的传承模式。简言之，今文经学的经书是用汉代通用隶书书写的，所以在汉代人眼里就是"今文"，而古文经学的经书是用先秦的古文书写的，故曰"古文"。今文经学典型的传承模式是师徒之间的口耳相传，凭借记忆背诵。所以，秦始皇焚书坑儒毁了许多儒家经书，后来汉代废除挟书令，要恢复儒家文教时，许多宿学旧儒就凭借记忆将六经用汉代隶书书于简帛，教授生徒。古文经学的经书则相当于今天的"出土文献"，中间没有经过师徒口耳传授这一环节。不过，今古文两者的经书无疑都传承自先秦，对于反映先秦儒家思想都具有不同程度的真实性。不过，基于晚清以来今古文经学门户之争的影响，不少人认为今古文经学之间还有更深的隔阂，是两种差异很大的义理系统。这一点学界已有清醒的反思和批评。[1] 因此，我们不需深入纠缠今古文之争的隔

---

[1] 参见史应勇：《〈经学历史〉中的经学家偏见》，《古典研究》2014年第2期，第101—113页。

阁有多深的问题，而是大致观察汉代重塑经学统一性的努力即可。

首先是今文经学内部分歧的弥合。今文经学是得到朝廷的制度保障的，即博士学官制度。朝廷设置若干博士官职（与今天的学位博士不同），提供固定俸禄，让博士们得以传承经典，为朝廷提供咨询。一般而言，每一部经典只需设置一位博士官。但随着后续出现关于每部经书的不同解释家法，而汉代统治者本着兼容并蓄的态度，将这些不同家法都吸纳进博士官体制。所以，《诗》有鲁、齐、韩三家，《书》有欧阳、大小夏侯三家，《礼》有大小戴二家，《易》有施、孟、梁丘、京四家，《春秋》有公羊、穀梁二家，这些都是立于学官的今文经学。但这样一来，随着今文经学内部因为分家而解释繁杂起来，朝廷在解释国家施政方针时，就难免产生标准不统一的问题。这就需重新做出某种裁断，以求恢复经学的统一性和指导性。这一工作是由国家权力作出的。前有西汉宣帝主持的石渠阁会议，后有东汉章帝的白虎观会议，其特征是皇帝以"称制临决"的方式裁断五经异同，统一经学解释。

不过，对统一性更严峻的挑战来自古文经学。古文的经书，《诗》有《毛诗》，《书》有《古文尚书》，《礼》有《逸礼》《周礼》，《易》有《费氏易》，《春秋》有《左氏传》。其中部分经书曾在元帝时立于学官，置博士。然汉光武中兴，罢古文经学,终汉之世,朝廷只尊今文经书。但在东汉,古文经学仍大为流行,成为任何严肃经学家都必须面对的挑战。古文经学流行的主要原因,在于汉代制作新的大一统礼乐的需求。根据孔子因革损益的原则,制礼作乐需要因循前代礼乐而有所更新。但今文《仪礼》源于以封建大一统为背景的周礼,且以士礼为基础去"推士礼而致于天子"(《汉书·艺文志》),那么所推致的天子之礼,并不能匹配秦汉皇权高度集中的郡县大一统的气象,这就导致汉朝以今文经学为基础的制礼活动一直是失败的,故汉代人有"大汉继周,久旷大仪"(《汉书·礼乐志》)之叹。[1] 在这种情况下,古文的《周礼》便因其提供了详细模板而更加适应郡县皇权大一统的需求,为东汉经学家所推重。

那么,如果从学术努力而非皇帝裁断的方式去推动经学的统一性,如何弥合今古文经学的差异,使得经学能够为汉代的礼制服务?东汉经学家已开始这种努力。郑玄就是其集大成者,其学术志趣即"念述先圣之元意,思整百家之不齐"(《后汉书·张曹郑列传》)。郑玄的工作大体有两步。一是以礼(尤其是《周礼》)为基础去解释群经,揭示六经所载草木虫鱼、名物制度背后的周礼秩序背景,以此统贯六

---

[1] 参见李若晖:《久旷大仪:汉代儒学政制研究》,北京:商务印书馆,2018年,第137—147页。

经。二是以"三代异物"的方式弥合三《礼》所载礼制的矛盾冲突之处,将那些相矛盾的礼制解释成三代不同时期的法度,从而避免冲突。最典型如解释《礼记·王制》,郑玄将天子五年一巡守之制判为唐虞之制,从而避免与《周礼》所载十二年一巡守的周制的冲突。又如为了弥合《王制》与《周礼》爵国规模的不同,将两者分别判为殷周之制的差异。[1]郑玄这样一种弥合群经的解经艺术,代表了汉代学术界恢复经学统一性的努力。

四、四书学与朱熹

郑玄的经学体系虽然完成了很高程度之大一统,但他所处的时期正值汉末之乱,时局正在陷入更深的分裂。他的经学大一统并未能迎来盛世大一统。郑玄逝后,经学也迎来了更多的争鸣。首先是王肃对郑玄经学的猛烈批判,构成经学史上的郑王之争。进入南北朝,经学更加分裂。大体上,北朝经学仍尊郑玄,学风敦朴,南朝经学则与玄学融合,开始谈论自然、性情、无形、本体等形而上的论题。不过,南北朝时期兴起了一种日后在形式上能够统一经学的新体裁,即

---

[1] 参见陈壁生:《经史之间的郑玄》,《哲学研究》2020年第1期,第66—75页;《经学诠释与经史传统的形成——以殷周爵国问题为例》,《哲学动态》2021年第2期,第73—81页。

义疏,简称疏。义疏体受启发于佛教经注,注重"疏不破注"的原则,是对经、注的进一步解释。随着隋唐大一统的完成,统治者着意经学统一的事业,开始合并南北朝经学成果,于是有唐太宗时期官方主导修纂的《五经正义》,为五经及其传注作疏,由名儒孔颖达担任主编,故此套《正义》又称"孔疏"。孔疏以义疏体的科段式体裁,至少形式上为经学带来了统一性。此套书成为唐宋科举取士的标准教科书,影响巨大。但这一成果因杂糅了南北朝两种学风而不够精纯,也多为后儒诟病。

在那个时代,比孔疏内部的实质不统一性更严峻的,是来自佛道二教对儒家的挑战。面对佛道二教因备受李唐统治者重视所带来的政治压力,以及二教在本体、心性、精神修炼等方面广博精深的论述规模所带来的精神压力,儒家如何挽回被佛道诱走的人心?汉唐经学那种繁琐注疏,已经不能投合中古以降的中国人对于更加内在的、更加超越的精神世界的需求了。如何应对宗教的挑战,并在一定程度上发展出自身的宗教性,是唐宋以降儒者必须面对的时代课题。他们的思路,就是寻找并建构新的经典体系,由此《论语》《孟子》《大学》《中庸》进入了儒者的视野。汉唐以来,经的范围大体固定在前述《诗》《书》《礼》《易》《春秋》,而《论语》原被视为解释经的传,《孟子》原是子书,《大学》《中庸》

本是《礼记》中两篇解释礼经的传记。然而经学并非僵化不变，其生命力在于能随时变易。在唐宋之际，《论语》《孟子》《大学》《中庸》这"四书"经历了不同程度的"升格"，进入了经的序列，形成"四书五经"的新经学格局。

四书的组合，蕴含着抗衡佛道宗教的巨大潜力。《论语》包含了儒家的核心伦理观念，规定了儒家宗教性的在世品格。《孟子》的辩风激发了新一代儒者卫道的使命感，其性善论则起到了论证儒家道德普遍性的作用。《中庸》提供了儒家终极境界的本体论承诺，《大学》则为达到此终极境界提供了相应的功夫修习指导。四书构成了一个贯通天（宗教）人（人伦）的具有准宗教品格的新经学体系。[1]

南宋大儒朱熹则在吸收周敦颐、邵雍、张载、程颢、程颐等北宋新儒家理学思想的基础上，以注解四书而成《四书章句集注》的方式，完成了这一新经学体系的统一性工作。概括而言，《四书章句集注》通过三个层次的工作来建构这一新经学体系的统一性。第一层次是揭示这四个文本之间明确的字面与思想关联，典型如指出《孟子》"天下之本在国，国之本在家，家之本在身"思想与《大学》"修齐治平"说以及"自天子至于庶人，壹是皆以修身为本"论述的关联，又

---

[1] 参见陈少明：《"四书"系统的论说结构》，载氏著：《仁义之间：陈少明学术论集》，贵阳：孔学堂书局，2017年，第44—74页。

如指出《孟子》与《中庸》均出现"诚者，天之道也；诚之者，人之道也"的相同论述，这就在四书之间建立了初步的整体关联。第二层次是借助某些文本中的概念，在其他文本中发现一致的思想问题，最典型的就是从《孟子》《中庸》中提取出性善论的观点，作为解释《论语》《大学》的基本原则，使得后两个文本具有更深的哲学意味。第三层次是超越四书的文本限制，引入更高的统摄性概念，作为整合的思想总纲，这就是运用"天理"这一宋明理学的标志性概念，赋予了四书系统以广阔的宇宙论和本体论根基。这一解释原则弥散在整个《四书集注》中，如释《论语》"克己复礼"之"礼"为"天理之节文"，释《孟子》"尽心知性"说为"极其心之全体而无不尽""穷夫理而无不知"，以"天理之本然"释《中庸》"诚者天之道"，以及著名的《大学》"格物补传"等等。[1]

朱熹《四书章句集注》之后，南宋以降出现了一批继承朱熹理学思想的五经新注，由此与《四书章句集注》构成"四书五经"的理学的新经典体系，再度塑造了经学的统一性。元朝以后，随着《四书章句集注》成为科举考试的官方教科书，四书学体系深远地影响着此后元明清的中国古人的精神世界。

---

[1] 参见陈少明：《"四书"系统的论说结构》，载氏著：《仁义之间：陈少明学术论集》，贵阳：孔学堂书局，2017年，第44—74页。

当然，中国古代经史传统中还有不少建构经学统一性的努力，比如清代汉学。限于篇幅，本节仅作鸟瞰式考察，并未展开。通过这一节，我们看到，经学的统一性与政治上的大一统往往并不同步，除了董仲舒与汉武帝的时代，像孔子、郑玄、朱熹所建构的经学统一性，都处在分裂甚至动荡的年代。但正是这样一种经学统一性的建构，为中华文明保存了根脉，为新的大一统的到来创造了有利的思想条件。

第三节　仁体与家国：统一性的哲学论证

第一章第一节讲过，清代大一统的贡献之一在于最终深刻地熔铸出多元一体的中华民族共同体意识。我们注意到，在清代诸帝的论述里，"一体""一家""一理一气"等充满哲学意蕴的表述构成了清代中华民族共同体论证的哲学基础。而这个哲学基础，实际上为孔子以来历代儒家的智慧结晶，也就是历代儒家关于"仁者以天地万物为一体"的仁学本体论建构。其核心问题是：仁者如何建构对与自己血缘无关的陌生人的爱？其普遍性何在？这是历代儒家殚精竭虑，努力从不同角度论证的问题。儒家对此问题的思维特征是，注重从身体经验与家国同构两个层面来建构仁的普遍性，由此积累下一笔丰厚的精神遗产。儒家仁学的发展与经史传统互为表里：仁的哲学建构需要经典作为文本支撑，而经学需要以仁为价值导向去建构天下大同的理想秩序。仁学之所以能够有效支撑天下大同的理想秩序，在于其一方面建构了一种万物关联共生的本体论，另一方面发展出秩序担纲者胸怀天下的仁者精神，其意涵极为丰厚。[1] 正是这样一种意涵丰厚的仁学传统，有力支撑起大一统中国的内在精神，形成大一统政治架构中君民上下牢固的精神纽带。

一、孔孟：仁的普遍维度及其人性论证

孔子在中华文明史上的伟大贡献，除了前述整理六经以维系中国礼乐认同之外，还有对仁学的首创之功。后文将看到，实际上在孔子那里，经学与仁学是一致的。我们了解孔子仁学，主要是通过《论语》中大量关于"仁"的论述。不过，孔子追慕周代政教，自然也会推崇周人的"德"。而在《论语》中，"仁"的出现频率远超"德"。那么，"仁"与"德"是什么关系？首先，两者大部分内涵是相通的，皆有善待他人

---

[1] 参见陈来：《仁学本体论》，《文史哲》2014年第4期，第41—63页。

之义。不过,"德"又与"得"通,有"得于人"之义,即得到他人的拥护。因此,周天子施德于诸侯,目的在于得到诸侯拥护而维系政治向心力。而要得到拥护,光靠恩惠是不行的,还需要武力手段的保证。因此,周人的"德",其实还包括用强硬手段惩治叛逆者的涵义。比如《尚书·洪范》的"三德",就包括"刚克"一德,即残酷镇压造反者。这反映周人统治除了"文绉绉"的礼乐的一面,还有杀气腾腾的武力镇压的一面。《逸周书·克殷解》作为一篇西周官方文献,就描绘了周武王克商后,射击纣王尸体,砍下其头颅以殉军的残酷画面。这样,"德人"最终还是为了"得人"而维系周代统治,并没有把"人"真正视为终极目的,而只是作为长保天命的工具。所以,孔子要真正确立人的道德主体价值,就必须剔除"德"之"刚克"义。除了编《尚书》时没有收录像《克殷解》这样的文献,孔子推举"仁",正因其义涵不蕴含"刚克"义。

孔子以"仁"代"德",或许还与他的家族出自殷商后裔有关。前面说过,殷人出于东夷部族,而《说文解字》说"夷俗仁",那么孔子言"仁"或许与此有关。[1] 不过从文献看,春秋时人已多言"仁",其含义大体即爱人之义,如"爱

---

1 参见武树臣:《寻找最初的"仁"——对先秦"仁"观念形成过程的文化考察》,《中外法学》2014年第1期。

人能仁"(《国语·周语下》)之说。那么,孔子的"仁"仅仅延续了东夷风俗或时人之说吗?并不是。

孔子论"仁",核心在此段:

> 子贡曰:"如有博施于民而能济众,何如?可谓仁乎?"子曰:"何事于仁,必也圣乎!尧舜其犹病诸!夫仁者,己欲立而立人,己欲达而达人。能近取譬,可谓仁之方也已。"(《论语·雍也》)

这里关键在于辨析仁圣关系。"圣"是博施济众的外在事功,极难达到,而"仁"是立人达人。这里可看出两层意思:一是能圣者必能仁,二是能仁者未必能圣。那么,"仁""圣"两者含义绝不相通吗?也并不是。因为仁者立人达人,推到极致,便是立天下之人、达天下之人,即等于圣者。换言之,"仁"的外延要大于"圣",仁者未必即博施济众者,而是志在博施济众,并付诸行动去立人达人者。因此,孔子的"仁"虽说基本含义也是"爱人",但确切说是爱天下之人,而这种爱天下之人的"仁"的实现,是要付诸行动去实现理想的政治秩序以造福天下民众的。可见,孔子的"仁"是一种超越血缘、利益的普遍性的大爱,其实现路径在于复兴周礼,亦即恢复周代封建大一统的政治秩序。这是孔子"仁"的独特之处，它与孔子一直追求的"天下有道"的志向是相通的，也与孔子作《春秋》的经学志趣是相通的。"仁"的这种精神，塑造了后世儒家士大夫"先天下之忧而忧，后天下之乐而乐"的天下责任感。

进一步的问题是，"仁"要求爱天下人，那么如何建立对陌生人的爱？这个问题关乎中华文明大一统制度精神的建构，而历代儒家在这个问题上提供了非常深入的思考。而早在孔子这里，他的初步思路是从家庭内部的血缘之爱去拟构对天下人之爱，所谓"孝弟也者，其为仁之本与"（《论语·学而》）。这也就是后来孟子"老吾老以及人之老，幼吾幼以及人之幼"（《孟子·梁惠王上》）的思想起源。此外像子夏"四海之内皆兄弟"（《论语·颜渊》）之说，郭店简《五行》"爱父，其继爱人，仁也"之说，《礼记·礼运》"圣人耐以天下为一家，以中国为一人"之说，以及《孝经·天子章》"爱敬尽于事亲，而德教加于百姓"等等说法，都是源自孔子"近取譬"的"仁之方"。其关键在于用家族亲爱的普遍经验去拟构出"天下一家"的政治纽带，是一种家国同构的政教原理，对后世儒家影响深远。

毋庸讳言，这种"拟构"仍有非常薄弱之处：凭什么我爱一个陌生人，可以做到像爱父亲爱儿子那样的爱？后来的儒家，从不同角度为孔子的"仁之方"提供更深广的哲学基础。

孟子的性善论，就是对这一问题的初步探索。

孟子在战国即以"道性善"（《孟子·滕文公上》）而闻名。但孟子不是一个书斋里空谈心性的哲学家，他的很多有穿透力的说法都是在与诸侯的交锋中提出来的。[1] 孟子懂得怎样直指人心。有一次，他故意提起齐宣王曾不忍看到即将被宰杀的牛在"觳觫"（恐惧发抖）而用羊代替牛的事情，指出齐宣王这颗不忍之仁心足以王天下，但又说百姓认为大王用羊代替牛是出于吝啬罢了。齐宣王一听急了，辩解自己确实是不忍牛之觳觫才如此做的。孟子趁势指出，您用更便宜的羊替代牛，难道羊就不觳觫吗？宣王这才恍然大悟而自责。孟子宽解他：没关系，您是没见到羊觳觫的场景，才没有生起怜爱羊的不忍之心，"君子远庖厨"嘛！这下子宣王心服口服，表示孟夫子之言"于我心有戚戚焉"（《孟子·梁惠王上》）。孟子在这里所指出的人见到牛羊觳觫而不忍的自然反应，与他在另外场合指出的"今人乍见孺子将入于井，皆有怵惕恻隐之心"（《孟子·公孙丑上》）一样，都是人性善的表现。

在先秦，"性"这个概念与"生"密切相关，大体指人的自然而然的生长倾向。所以，食、色、情等人的身心的自然反应都可以归入"性"的范畴。孟子的独特之处在于"以心

---

[1] 参见赵金刚：《孟子与诸侯——经史互动当中的孟子思想诠释》，《中国哲学史》2019 年第 4 期，第 21—27 页。

善言性善"[1]，也就是只将心的自然的向善的反应，判定为"性"的内容，并排除了食、色、情等在"性"中的位置。在《孟子》中，心善之性有两种表现：一是上文说到的在偶然场景中自然而然的恻隐之心，这是对所有陌生人都有的性善反应；二是人类自幼即知道敬爱亲人的"良知""良能"(《孟子·尽心上》)。孟子强调，这两种性善表现都是心之所发，也都是"天之所与我者"(《孟子·告子上》)，进而在根本上都是一致的，也就是"一本"(《孟子·滕文公上》)。由此，孟子为孔子的"仁"的普遍性建立了一个统一的人性论基础，所谓"人皆有所不忍，达之于其所忍，仁也"(《孟子·尽心下》)。那么，我对天下民众的关怀，就是一种基于恻隐之心的人性善的有效情感。如果没有这种恻隐之心，那便是禽兽。把这种恻隐之心推向天下民众，便可建立仁政，便可王天下而复兴先王之治。

二、程朱：仁之普遍性的形上建构

在孟子那里，心善出于性善，性善出于天命。不过，孟子的天命观仍然带有殷周以来那种浓厚的天命神学色彩，比如他说："五百年必有王者兴……夫天未欲平治天下也。如

---

[1] 参见徐复观：《中国人性论史·先秦篇》，北京：九州出版社，2013年，第153页。

欲平治天下,当今之世,舍我其谁也?"(《孟子·公孙丑下》)这里的"天"带有较为明显的人格主宰的意味。这一点在《中庸》里也可以找到端倪。尽管《中庸》主张"天命之谓性",历来被认为表达了性善论的命题,而且也是孟子性善论之先声,但《中庸》也包含着"祸福将至:善,必先知之;不善,必先知之;故至诚如神"这种较为神秘的天命祸福观念。那么这样一来,如果"天"不是一个彻底的具有道德理性的存在,何以保证性善的普遍性和可靠性?到了汉代董仲舒那里,"天"的天命神秘性被进一步放大,孟子的性善论则被性三品论(即认为人性有纯善、善恶混、纯恶三种)所取代,对汉唐儒学影响深远。那么,如何重新为性善论提供具有彻底的普遍性的基础呢?

宋明理学正是在此方向上,为孔子仁学的普遍性提供了一种更加深广的形而上学的奠基,亦即将《孟子》《中庸》的性善论嵌进"天命之性"与"气质之性"的理学框架中,从而将先秦儒家那种原初的性善论,放在天理流行、理气相即的宏大宇宙论中予以充实和提升。首先,在以二程、朱熹为代表的宋儒那里,汉代以来"天"(亦即"帝")的人格神色彩得到了更为彻底的淡化。比如,程颐说"夫天,专言之则道也,'天且弗违'是也"(《周易程氏传》卷一),这是将《周易》中殷商之际流传下来的神秘思想进一步理性化为"道"。又如,《论语·八佾》记载孔子曰"获罪于天,无所祷也",朱熹《四书章句集注》解释为"天,即理也……逆理,则获罪于天矣",也是将神格之"天"扭转为理性之"理"。所以,对于《诗》《书》中经常看到的带有强烈人格神、至上神色彩的"帝"或"上帝",朱熹的解释是:"《诗》《书》所说,便似有个人在上恁地,如'帝乃震怒'之类。然这个亦只是理如此。天下莫尊于理,故以帝名之。"(《朱子语类》卷四)也就是说,这个看似有位人格神在天上的"帝",其实只是在描述非人格化的客观的天理的至尊地位而已,因为天理是世界存在的最终决定者。那么,如果说孟子强调性善出于天命,那么宋儒就更彻底地强调,天命出于纯粹理性化的"理"或"天理",以此来保证性善的纯粹性。

那么,何谓天理?作为宋明理学的核心概念,"理"的哲学意涵十分复杂。若一言以蔽之,则大概指向那些规定事物的本质、活动方式、关系秩序的先天力量。"理"进一步可细分为物理、伦理、性理。物理是事物的"所以然",比如"春季之后必然是夏季""水加热必然会烧开"等"必然"的道理;伦理是事物的"所当然",比如"儿子应当孝敬父母""君主应当爱民"等"应然"的道理;而性理则是人的纯粹至善的本质,即人身上的天命之性。世间万物皆有理,而万物之理发源于总的天理,或者说天理包含着万物之理。作为万物存在之本体,天理是最高的、普遍的、客观的、永恒的、生生的、真实不妄的。"理"即"道",两者异名而同谓:"理"强调的是这个存在本体的万古不易的特性,而"道"则强调这个存在本体能够恒常通向万物的特性。天理流行,通向万物,生成万物,而万物又回归天理,这个过程是通过"气"的流行来实现的。"气"是"理"的载体或质料,但这个载体或质料不是死的,而是极具能动的。其能动性来自理的先天规定。宋儒强调理气不离,理即是气之理,气即是含理之气。本来是一物,但分殊出两个概念,有助于解释为何人性普遍纯粹至善,而现实中的人却有善恶程度不同之别。这就是由气之清浊不同引起的。每个人天生都有发自天理的纯粹至善的天命之性(性理),但这个性理落到不同人的质地上,就呈现为不同程度的清浊,就像天油然大雨,或落在江河,或落在溪涧,或落在臭水沟,结果自然不同。

另外一方面,虽然性理呈现的清浊效果有千差万别,但人类乃至万物都是由天理流行、生生不息而出来的,此即理学家所强调的"天地之大德曰生"。生成万物,就是一种仁德,因此天理本身就是一种天地至大之仁。由此,仁德也获得最高的形上依据。又因为天理包含万物之理,由此理学也就从天理的形而上层面解释并论证了《论语》中"仁"为何既是所有德目中的最高之德,同时也包含了所有德目的意涵。朱熹《四书章句集注》云:"仁者,爱之理,心之德也。"这里,仁德作为"爱之理"而获得天理的形上支持,而由于"爱之理"与天理之流行不息、生生万物是相通的,那么仁德便具有至高普遍性。因此到了宋儒这里,孔子的"仁"被上升到天理高度,并且被明确揭示出其中的"天下为公"精神。这就是程颐以"公"言"仁"的著名说法:"仁之道,要之只消道一公字。公只是仁之理,不可将公便唤做仁。公而以人体之,故为仁。只为公,则物我兼照。"(《二程遗书》卷十五)

那么,在这一新的形而上学基础上,宋明理学如何建构仁学普遍性维度的有效性?换言之,对于广大陌生的民众的爱,乃至对于天地万物的爱,为何能够成为真切的情感?如前述,天地乃一气流行所构成,而万物皆属于气之整体。而宋儒又相信,气之间存在感应,只不过这种感应并非汉儒讲的那种阴阳五行机械对应的感应,而是一种自然气感。那么,作为气之一体,我与万物皆存在气感相应。这种感应是由天理所先天规定的。而我的性理源自天理之生生爱物,这种禀赋使得我能够通过气感的方式去感受万物之情,建立有效的道德情感。那么,我与万物的关系,就像我与身体的关系一样存在着由神经(类似于理)连结着的感应相通。由此,爱就是由身体知觉建立起的有效感通。这就是由程颢提出的以"觉"言"仁"说:"医书言手足痿痹为不仁,此言最善名状。

仁者，以天地万物为一体，莫非己也。认得为己，何所不至？若不有诸己，自不与己相干。如手足不仁，气已不贯，皆不属己。"（《二程遗书》卷二）古医书认为，对身体某部位失去知觉为"不仁"，程颢借此指出仁者之以万物为一体，正像自我对身体的"仁"；这种万物一体之仁是普遍有效的，因为它得到理气相即的气感宇宙论的支撑。

程颢的以"觉"言"仁"说被进一步继承发挥。朱熹云："仁之道，只消道一'公'字，非以公为仁，须是'公而以人体之'。伊川自曰'不可以公为仁'。世有以公为心而惨刻不恤者，须公而有恻隐之心，此功夫却在'人'字上。盖人体之以公方是仁，若以私欲，则不仁矣。"（《朱子语类》卷九十五）这是将二程的以"公"言"仁"、以"觉"言"仁"二说结合起来，并且以知觉说修正以"公"言"仁"说可能走向的缺乏真实情感支撑的"惨刻不恤"之弊。后来，明代心学巨擘王阳明虽然对程朱理学多所批判，但也吸收并总结了程朱以来那种以身体知觉建构万物一体之仁的本体论思路：

> 大人者，以天地万物为一体者也，其视天下犹一家，中国犹一人焉。若夫间形骸而分尔我者，小人矣。大人之能以天地万物为一体也，非意之也，其心之仁本若是。其与天地万物而为一也，岂惟大人，虽小人之心，亦莫

不然。(《王阳明全集》卷二十六《大学问》)

到了王阳明这里，这种思路与其"致良知""心外无物"等心学思想结合起来，走向了极为丰富和彻底的理论形态。一言概之，王阳明将孔子以来的仁学发展为成熟的仁体学。

三、张载：仁之普遍性的宗法建构

从二程、朱熹到王阳明的仁体学思路，是以理气相即的宇宙论为基本框架、以身体的真实经验为基础去建构"仁"的普遍有效性，这是宋明理学相对于先秦儒学所发展出来的新意。而先秦儒学更多是以家族原理去拟构天下一家的精神纽带，建构一种家国同构的政治哲学。但这样一条线索并未在宋明以后沉没。北宋儒家张载的名篇《西铭》，就是将先秦儒学"四海之内皆兄弟""老吾老以及人之老，幼吾幼以及人之幼"的天下一家的仁学思路充分打开，并用宗法原理将其推演至极致，成为儒家仁学普遍性建构之重要辅翼。

众所周知，张载气论对于北宋理学建构有重要贡献。他提出一个"太虚无形，气之本体。其聚其散，变化之客形尔"（《张载集·正蒙》）的气本体论，而张载所论之气亦非缺乏能动性之物质，而是极尽"动之义"的能动体，即如"太和所谓道，中涵浮沉升降、动静相感之性，是生絪缊相荡、胜负屈伸之始"（《张载集·正蒙》）所描述那般。[1] 这个气本体论是后来天理流行、理气不离的理学宇宙论之重要思想来源。张载除了建构非常系统的形而上学体系，他在政治哲学方面的建树同样广大精微。他仍然继承了儒家仁学的普遍性面向，并将其具体表述为一句震古烁今的"横渠四句教"，即我们所熟知的"为天地立心，为生民立命，为往圣继绝学，为万世开太平"。那么，"横渠四句教"中的仁学理想如何建立其有效性？在《西铭》篇中，仁之普遍性基础在于宗法社会的坚固纽带。

传统中国社会的基本形态就是费孝通先生所说的乡土社会。由于千百年来编户齐民社会的塑造，中国传统乡土社会以农耕为生产生活的基础，呈现出明显的非流动性，以及由农耕定居生活所滋生出来的大家族世代共居的熟人社会形态。在熟人社会中，法律契约所起的作用，要远低于礼俗教化维系社会的功能。人们解决问题，更多诉诸不立文字的礼俗传统，以及其中所包含的亲疏远近的原则，也就是费孝通先生说的"差序格局"。[2] 因此在乡土社会中，礼俗教化的有效性远超建立在工具理性上的法律契约。随着唐宋以降儒家礼仪

---

[1] 参见杨立华：《宋明理学十五讲》，北京：北京大学出版社，2015年，第120—160页。
[2] 费孝通：《乡土中国》，北京：北京出版社，2009年，第1—41页。

庶民化的历史趋势,以宗法为核心的儒家礼制"飞入寻常百姓家",塑造着宋以后的以宗祠为中心的民间乡土社会。这时,宗法制原理的有效性日益牢固,由此蕴藏着构建仁之普遍性的重要资源。张载《西铭》云:

> 乾称父,坤称母;予兹藐焉,乃混然中处。故天地之塞,吾其体;天地之帅,吾其性。民,吾同胞;物,吾与也。大君者,吾父母宗子;其大臣,宗子之家相也。尊高年,所以长其长;慈孤弱,所以幼其幼;圣,其合德;贤,其秀也。凡天下疲癃、残疾、茕独、鳏寡,皆吾兄弟之颠连而无告者也。"于时保之",子之翼也;"乐且不忧",纯乎孝者也。违曰悖德,害仁曰贼,济恶者不才。其践形,惟肖者也。知化则善述其事,穷神则善继其志。不愧屋漏为无忝,存心养性为匪懈。恶旨酒,崇伯子之顾养;育英才,颖封人之锡类。不弛劳而底豫,舜其功也;无所逃而待烹,申生其恭也。体其受而归全者,参乎!勇于从而顺令者,伯奇也。富贵福泽,将厚吾之生也;贫贱忧戚,庸玉汝于成也。存,吾顺事;没,吾宁也。(《张载集·正蒙》)

总体而言,《西铭》的思路是将整个宇宙宗法化,即将天地、万物、民众、君臣等纳入一个基于孝德的宗法家族社会的拟构体系中，由此衍生出对待天地、万物、民众等与自身血缘无关的人所应当有的道德情感和人伦义务，从而支撑起"仁"的普遍性。比如第一句将天地（乾坤）视为父母，那么按照对待父母所应有的道德情感，人对待天地就应当以谦卑的姿态爱敬之，所谓"予兹藐焉，乃混然中处"。人皆为天地父母一气所生，那么那些看似与我无血缘关系的陌生人，其实在天地父母面前都是兄弟同胞。而万物也是一气化生，那么尽管看起来与我不同类，但至少都是平等的朋友。这就是《西铭》提出的"民胞物与"的伟大构想，它呼唤起仁者对于天下民众，尤其是鳏寡孤独等社会弱势者的关心，即所谓"凡天下疲癃、残疾、惸独、鳏寡，皆吾兄弟之颠连而无告者也"。由这种宗法伦理，也可以建立起有效的政治伦理，也就是将君主视为"吾父母宗子"，将大臣视为"宗子之家相"，从而由敬宗之情建立起对统治者的忠诚纽带。这其实是古代"移孝作忠"观的更精细的版本。此外，对于圣人、贤人及其所代表的善道的学习热情，也能通过宗法原理而有效建立，即将圣人视为能够与天地父母合德的兄长而景仰之、将贤人视为天地父母所生的杰出的兄长而尊敬之，从而建立起学习、效法的志趣，以至于能够像他们一样，建立仁政，保育民众，最终与天地父母合德，推助天地生生之德。

进而，由这种宗法社会与天地宇宙之间的拟构，就能将孔子"孝弟也者,其为仁之本与"这句话的思想空间充分打开，将宗法社会中赖以维系的孝德，转换为更具公共性、普遍性、超越性的仁德。比如，将对父母的恭敬（"子之翼"），转换为对天地的敬畏（"于时保之"）；将对父母的"纯孝"，转换为对天地的"乐且不忧"；将不违背父母、不害父母的孝顺，转换为面对天地时不悖德、不悖仁的道德要求；将对父母的"善述其事""善继其志"的孝子义务，转换为对天地的深刻理解，也就是要"穷神""知化"；将对父母厚爱或惩罚的接受，转换为遇到顺境或逆境时坦然接受的心境；将生时顺事父母以求死而无憾的孝子追求，转换为"存，吾顺事；没，吾宁也"的人生在世而俯仰无愧的泰然姿态；如此等等。可以说，《西铭》不仅昭示了一种儒家的处世哲学和宗教情怀，而且也揭示了由宗法原理通往这种超越境界的有效方法。正是这种思想厚度，使得此篇正如二程所说的能"发前圣所未发"，对往后宋明理学乃至中国人的精神世界产生深远影响。

讨论至此，可以看到，当清人用"一体""一家""一理一气"等话语体系来论证多元一体的大一统多民族国家的时候，背后是有着两千年的儒家仁学传统在做哲学理论支撑的。这个历史悠久的仁学传统，一方面诉诸身体经验与理气架构，亦即诉诸仁体学来论证"中国犹一人"命题；另一方面诉诸家国同构，尤其是诉诸宗法原理来论证"天下犹一家"的命题。仁体与家国，共同支撑起了孔子以来"仁"的博施济众的普遍性面向，由此为多元一体的大一统框架，为中华民族共同体的凝聚提供了深厚的精神向心力。

理解中华文明的统一性特征，除了把握中华文明坚强牢固的政治结构，也就是大一统的政治形态及其内在机理，同时也需要深入把握中华文明大一统政治背后深厚的精神根基。本章通过三个重要方面来把握这一精神根基，即作为统一性之心理基础的中国认同、作为统一性之经典支撑的经史传统、作为统一性之哲学论证的以仁体与家国为重要内涵的仁学。正如习近平总书记指出："深厚的家国情怀与深沉的历史意识，为中华民族打下了维护大一统的人心根基，成为中华民族历经千难万险而不断复兴的精神支撑。"[1] "深厚的家国情怀与深沉的历史意识"，正是在中国认同、经史传统、仁学论证中孕育而成，由此形成一种更基础、更广泛、更深厚的精神文化力量，构成中国生生不息的内在动力。

---

1 习近平：《在文化传承发展座谈会上的讲话》，《求是》2023年第17期，第5页。

第三章
中道：中华文明统一性的辩证原理

本章尝试在前两章从政治形态到精神根基的讨论的基础上进一步提炼原理，以此说明中华文明的统一性之所以富于生命力、长久不衰的原因。深入理解其原理，既要在前述讨论的基础上展开，又要找到合适的分析框架。那么如何确定这一框架呢？答案就在文化传承发展座谈会上习近平总书记对中华文明突出特性的概括总结。连续性、创新性、统一性、包容性、和平性，这"五个突出特性"不仅是对中华文明历史发展脉络的深刻把握，即各自独立而又精准的概括，再仔细观察，还会看到"五个突出特性"之间存在着两两相对的辩证关系。最明显的如连续性与创新性，就是传统中国哲学所讲的常与变的辩证关系。

统一性与连续性、创新性、包容性、和平性之间，同样存在着某种辩证原理，本章将其概括为"道通三统""吐故纳新""有容乃大""和合共生"。四者意味着统一性与其他四个特性之间客观上能够维系一种动态的平衡，从而相辅相成，共同维系着中华文明的旺盛生命力。若用一个传统中国哲学术语来界定五者之间的动态的平衡，那就是代表不偏不倚状态的"中庸之道"，简称"中道"。"中道"既体现在大一统政治形态亦即政统方面，也体现在精神世界之统一性亦即道统方面。以下通过考察这四对关系的"中道"，并通过区分政统、道统两个维度，我们将力求展现作为文化生命体的中华文明的深层原理。

第一节　有容乃大：统一性与包容性

我们首先谈统一性与包容性的辩证关系，因为这对特性有着最明显的结构关联。统一性首先是从大一统上谈的，而正因为这种大一统框架能包容多元的事物，才能成就其大。这一点，在习近平总书记关于包容性的表述里也体现出来了：

中华文明具有突出的包容性。中华文明从来不用单一文化代替多元文化，而是由多元文化汇聚成共同文化，化解冲突，凝聚共识。中华文化认同超越地域乡土、血缘世系、宗教信仰等，把内部差异极大的广土巨族整合成多元一体的中华民族。越包容，就越是得到认同和维护，就越会绵延不断。中华文明的包容性，从根本上决定了中华民族交往交流交融的历史取向，决定了中国各宗教信仰多元并存的和谐格局，决定了中华文化对世界文明兼收并蓄的开放胸怀。[1]

"越包容，就越是得到认同和维护，就越会绵延不断"，首先讲的是包容性成就了统一性（"认同和维护"），其次讲的是统一性成就连续性（"绵延不断"）。用一个词概括这里包容性与统一性的关系，就是"有容乃大"。统一性以大一统为理想状态，但这种理想状态绝非追求铁板一块式的僵化的统一，而是多元一体的具有巨大包容性的大一统。正是这种内含包容性的统一性，赋予了大一统政治形态以巨大生命力，也赋予了精神世界之大一统以深层的动力。以下从政统与道统两方面来简要考察这种辩证原理。

---

[1] 习近平：《在文化传承发展座谈会上的讲话》，《求是》2023年第17期，第6页。

一、政统

统一性自身的要求，于政治原理而言即是中央集权的治理模式，并且要求在这个政治基盘中确立一个唯一的至上的国家权力。这个国家权力在古代中国就是天子或皇帝。而只有中央集权，天子才能有效发挥大一统"事在四方，要在中央"的优势治理好国家。不过，一旦走向僵化的过度集中，就不能照顾到大一统框架下各个地方尤其是边疆的独特性，抑制地方发展的活力，甚至激起反抗。因此，大一统的至高权力需要在统一与包容之间掌握好一个平衡的"中道"，对统一性与包容性的辩证关系有深刻理解。这一辩证关系，在古代中国三种大一统政治模式中均有不同程度的体现。

在封建大一统的格局中，中央集权的要求，最初体现在天子对于历术的牢牢掌握。这在客观上是必要的。因为观象授时作为一项普惠民生的大工程，在当时需要集中人力、物力、智力才能做到，没有最高权力的保障，根本无法完成。这就是为何《史记》中《历书》《天官书》提到在三代黄金时期，制历工作都是由天子牢牢掌控的，而周幽王之后的衰世，历术便流散四方。另一方面，由于制历所形成的政治框架本质上是一种华夏部落的政治合作，因此天子更需尊重各部落、方国或诸侯的自主性，这就需要德治。德治固然要求尊王，即诸侯遵从中央权威，确保"礼乐征伐自天子出"。而同时，德治并非同质化，而是要提供一个协调差异、容纳华夏各地风俗的政治框架。尤其对于远方夷狄，如第一章第一节所举祭公谋父的说法，天子不宜轻易用兵，而应"修文德以来之"。

郡县大一统并非铁板一块。在西汉，除了羁縻少数民族的都护制度，郡县内部也并非实行同质化管理。除了那种正式出赋税的郡县，还有不出赋税、保留当地原先统治下风俗习惯的初郡，这是为了照顾新纳入版图地区的特殊性而设置的。当然，单纯的郡县大一统模式在"五胡入华"所开启的民族大融合的历史之后，出现了消化能力不足的缺陷，郡县制管理并不适于游牧生活方式，羁縻制度又不足以有效维系统治。到了元以后多元一体的大一统模式成熟后，才能将农耕、游牧、渔猎的生活方式容纳在一个更为广阔的统治疆域下；在尊重民族生活方式差异性的基础上，创造出有利于和平贸易互助的政治经济框架来协调族群间的矛盾，从而成功实现民族交融、通商惠工、经济繁荣。可以看到，在大一统模式演进中，统一性与包容性的辩证关系经过几千年发展，逐步达致成熟的"中道"平衡状态。

二、道统

精神世界的统一性也存在着与包容性的辩证关系，而且更为明显，尤其是就中国认同而言。其维系正是因为周边多元的族群不断卷进这个旋涡所带来的强大向心力。从禹、汤、文王，到吴、楚、越，到魏晋南北朝的北方胡人政权，再到辽宋金对峙时期的"中国之争"，无不体现出作为礼乐文明的中国认同，正是以巨大的包容性来维系自身的统一性的。"越包容，就越是得到认同和维护"说的正是中国认同，它"超越地域乡土、血缘世系、宗教信仰等，把内部差异极大的广土巨族整合成多元一体的中华民族"。

就经史传统与哲学发展而言，同样也以包容性在维系着统一性。经学讲究有所归宗，讲究守旧，但客观上，经学的发展无疑需要新的思想资源的注入。董仲舒的新经学吸收了黄老道家、阴阳家乃至法家的合理因素，郑玄的经学一统建立在综合今古文经学的基础上，而宋明四书学和理学的建立，又依赖于对非经部文献的吸收，以及对诸子乃至佛道二教思想资源或暗或明的借鉴上。总之，中华传统学术的发展，历来就是一个守正创新的过程，而其创新就是建立在对各种异质思想资源的兼容并蓄、综合汇通之上。

第二节　道通三统：统一性与连续性

在绪论中我们指出，中华文明的统一性特征是其连续性特征的重要前提。换言之，正是大一统的坚强的政治结构，护住了千百年来中华文明的根脉。而从另一方面看，连续性也是统一性的前提，两者是互为条件的。习近平总书记关于连续性的表述是：

> 中华文明具有突出的连续性。中华文明是世界上唯一绵延不断且以国家形态发展至今的伟大文明。这充分证明了中华文明具有自我发展、回应挑战、开创新局的文化主体性与旺盛生命力。深厚的家国情怀与深沉的历史意识，为中华民族打下了维护大一统的人心根基，成为中华民族历经千难万险而不断复兴的精神支撑。中华文明的连续性，从根本上决定了中华民族必然走自己的路。如果不从源远流长的历史连续性来认识中国，就不可能理解古代中国，也不可能理解现代中国，更不可能理解未来中国。[1]

---

[1] 习近平：《在文化传承发展座谈会上的讲话》，《求是》2023年第17期，第5页。

"维护大一统的人心根基"的内容之一就是"深沉的历史意识",而"深沉的历史意识"正是连续性的表现。如果没有以绍续先圣、回向三代为职志,那么大一统就失去了其历史合法性,恐怕就会沦为一种帝国式扩张。大一统既是一种空间上的统一,也是一种时间上的连续,正如明末清初思想家王夫之所言:"统之为言,合而并之之谓也,因而续之之谓也。"(《船山全书·读通鉴论》)在古代中国的政治哲学中,"大一统"理论是与"通三统"理论互为表里的。我们以"道通三统"来表述这一紧密关系。在精神领域中,思想学术同样以"道通三统"为职志,表现为道统谱系的特征。

一、政统

在封建大一统的格局中,"通三统"理论表现为:当王者取代旧统治者,重新统一天下,实现"礼乐征伐自天子出"时,他并不是完全废除前代天子的贵族地位,而是承认其曾经得过天命、治天下有功的事实,并赐予封国,降格为次一等的诸侯,以示尊重。这就是《礼记·郊特牲》总结的"存二代之后"的历史实践:"天子存二代之后,犹尊贤也,尊贤不过二代。"所以,周武王克商,并不灭商人及其旧贵族,而是封纣王长兄微子启于宋,并特许其用天子礼乐奉商朝宗祀，于周为客；又以同样的方式封夏朝之后裔于杞国，以奉夏祀。这样，武王的统一是在充分尊重前面两个朝代功业的基础上建立的，由此获得历史的合法性。"存二代之后"的实践，在汉代被儒家赋予历史循环的内核，进一步理论化为"通三统"理论，比如司马迁说的"三王之道若循环，终而复始"（《史记·高祖本纪》）。在董仲舒那里，"通三统"得到更详细的阐发。其著作《春秋繁露》所载《三代改制质文》以汤之商朝为白统、以文王之周朝为赤统、以《春秋》为绍续夏朝的黑统，由此"为汉制法"，即论证遵奉《春秋》的汉朝能够绍续夏代，从而获得其在历代王朝序列中的合法性。

在董仲舒的"通三统"理论中，黑（水）、赤（火）、白（金）从左到右是相克序的，即水克火、火克金。这一理论有可能是受启发于战国阴阳家邹衍的五德终始说[1]，即设想历朝按照水、火、金、木、土相克的顺序依次出现，以此论证王朝在历史序列中的合理性。但五行相克序强调的是后面朝代对前面朝代的胜克，而这种胜克就带有较强的断裂意味，不利于历史连续性的论证。因此后来经学家刘歆制造新三统论，为王莽篡汉造势时，采用的是五行相生序，即火生土、土生金、金生水、水生木、木生火的循环。相生序更强调前后朝代的

---

[1] 参见顾颉刚：《秦汉的方士与儒生》，上海：上海古籍出版社，2005年，第1—4页。

连续性，更加有利于论证大一统政治，因此基本为后续朝代所采用。在三统说、五行相生说的影响下，历代王朝的大一统追求，往往与通三统的追求相结合。比如，班固强调"汉绍尧运"，说汉光武帝"系唐统，接汉绪"（《后汉书·班彪列传》）。汉朝的大一统以《春秋》所载的前代大一统理想为榜样，汉以后的许多朝代，则以汉之大一统为历史榜样。总之，以连续性为追求的大一统，在空间与时间的统一之间实现某种"中道"平衡，是中华文明统一性富于生命力的重要原因。

二、道统

在中国古人看来，历史世界是一治一乱的，而治世往往诉诸"通三统"理论，以古代的理想政治为模板。精神世界的发展，其实也存在一治一乱之运动，并且有着更为强烈的"通三统"诉求。中国古人在做学问的时候，总有"为往圣继绝学，为万世开太平"的历史视野。孔子董理六经，继承三代文教，就强调"殷因于夏礼，所损益，可知也；周因于殷礼，所损益，可知也；其或继周者，虽百世可知也"（《论语·为政》）。郑玄综合今古文经学，同样抱着"念述先圣之元意"，亦即绍述孔子乃至远古圣王政教的志向。唐宋以降，受佛教刺激，儒者的道统意识更加强烈。韩愈在名篇《原道》中提出初步的道统谱系，对理学影响深远："斯吾所谓之道也，非向所谓老与佛之道也。尧以是传之舜，舜以是传之禹，禹以是传之汤，汤以是传之文武周公，文武周公传之孔子，孔子传之孟轲，轲之死，不得其传焉。"（《昌黎先生文集》卷十一）朱熹的理学集大成之作《四书章句集注》（详见《大学章句序》《中庸章句序》），进一步补足了这个谱系，并指出自北宋二程之后，终于又接起了这个断开已久的统绪。朱熹还指出，在唐虞三代理想治世，道统和政统是合一的，而孔子以后，道统与政统分离。由此我们看到，道统和政统各自实现的大一统，往往并不同步。但恰是这样的不同步，使得后世有文明使命担当的人，都有希望合并道统与政统的至高追求。尤其在大一统治理臻于成熟的清代更是如此。比如，康熙帝在告祭黄帝文中说"自古帝王受天显命，继道统而新治统，圣贤代起，先后一揆"，这是强调要在道统与治统（政统）两方面达到大一统的理想追求。

第三节　吐故纳新：统一性与创新性

中华文明以几千年的连续发展来维系自身统一性，而这种发展本身就是一种创新进步。用中国哲学的话语表述，中华文明的发展是常与变的辩证统一，变寓于常，常亦因变而维系。由此可见，没有创新性的因素，大一统的政治框架便不能推陈出新，演变出更成熟的多元一体的模式，而中华学术传统也就不能历经先秦子学、两汉经学、魏晋玄学、宋明理学、清代汉学的嬗变，留下丰厚的思想遗产。创新性之于统一性不可或缺。习近平总书记这样论述中华文明的创新性：

> 中华文明具有突出的创新性。中华文明是革故鼎新、辉光日新的文明，静水深流与波澜壮阔交织。连续不是停滞、更不是僵化，而是以创新为支撑的历史进步过程。中华民族始终以"苟日新，日日新，又日新"的精神不断创造自己的物质文明、精神文明和政治文明，在很长的历史时期内作为最繁荣最强大的文明体屹立于世。中华文明的创新性，从根本上决定了中华民族守正不守旧、

尊古不复古的进取精神，决定了中华民族不惧新挑战、勇于接受新事物的无畏品格。[1]

这里，"以'苟日新，日日新，又日新'的精神不断创造自己的物质文明、精神文明和政治文明，在很长的历史时期内作为最繁荣最强大的文明体屹立于世"，正点出了创新性与统一性的密切关系。我们用"吐故纳新"来描述这种关系。"吐""纳"意味着背后的主体是一个容量巨大的统一体，而这个统一体通过自我更新来维系生命，就如身体需要更新细胞和血液来维系生命一样。创新性与统一性的辩证原理在于，统一性因创新性而维系，而创新性若是缺乏统一性的定向，便是一种盲动，两者互为条件、相辅相成。

一、政统

从历史脉络看，大一统政治之所以能够演变发展至成熟，实际上有赖于制度、人事、观念等方面的革故鼎新。体制的统一性以内在的创新性为动力支撑。从封建大一统演变为郡县大一统，从郡县大一统演变为多元一体的大一统，本身就是翻天覆地的大变革。这种波澜壮阔、辉光日新的创新性是

---

[1] 习近平：《在文化传承发展座谈会上的讲话》，《求是》2023年第17期，第5页。

令人瞩目的。我们可以从历史上那些在变革之际的弄潮儿身上，从他们的勇气、魄力和智慧上，更为鲜明地体会到这种创新性。

从封建到郡县的转换，就是无数胆识过人之士以及前仆后继的芸芸大众奋斗的结果。推动秦国变法的商鞅，集中展现了这一风起云涌的时代的先锋精神。商鞅从魏国逃到秦国，以善言强国之术而得到秦孝公器重。他敢于公然驳斥秦国守旧派贵族，提出"治世不一道，便国不法古"（《史记·商君列传》）的如惊天霹雳的口号。为了贯彻法治，商鞅不顾个人安危，敢于向旧贵族开刀，甚至惩罚犯法的储君。由于他的改革触犯了旧贵族核心利益，秦孝公死后，商鞅死于秦惠文王的清算，尸体被车裂示众。然而，正是商鞅以巨大勇气和智慧有效推动了改革，使其政治遗产并未被抛弃，而是深入秦国体制并构成日后秦始皇统一中国、实行郡县制的基础。可以看到，正是以商鞅、吴起、李悝、申不害、乐毅等人为代表的战国改革家群体，以敢于革故鼎新的智慧和勇气，为郡县大一统的到来注入了巨大活力。

从郡县大一统发展为元朝以后的成熟的多元一体的大一统，同样需要巨大的创新胆识。正因为元朝以"各与正统"的魄力，解决了宋辽金以来"中国之争"的问题，为多元一体的大一统政治奠定了理论基础。尽管朱元璋起义反元，借用了"驱逐胡虏,恢复中华"的口号凝聚受元统治者压迫的汉人,但在统一中国之后仍然承认元朝"实乃天授"的天命合法地位,并接续了多元一体的政治框架,对蒙古人、色目人以至元朝帝室都采取宽容政策,这也需要巨大的自我革新的魄力。后来,孙中山同样以"驱逐鞑虏,恢复中华"作为推翻清朝的革命口号,但他并没有走向狭隘的民族主义,而是在后来建立民国时提出"五族共和"的纲领,这仍然是一种自我革新的精神的延续。[1]

二、道统

经史传统与中国哲学的发展及其在精神领域实现大一统的努力,更为明显地表现为创新驱动的过程。孔子对于周礼的继承,并非一味照搬,比如他说"麻冕,礼也;今也纯,俭;吾从众"(《论语·子罕》),体现的就是推陈出新的一面。董仲舒借助黄老道家阴阳刑德论的框架,以及阴阳家天人感应论的内核,完成对汉代经学的奠基。郑玄通过"三代异物"的解释原则弥合今古文经的差异,来实现今古文经学的统一。朱熹通过重构经典格局,并用宋代理学家自家"体贴出来"

---

[1] 参见费孝通主编:《中华民族多元一体格局(修订本)》,北京:中央民族大学出版社,1999年,第248—253页。

的"天理"概念作为最高解释原则,推动重建"四书五经"的经学体系。以上这些致力于思想统一性的工作,都是立足于综合创新的思想成就。

思想学术的统一性以创新性为内在动力,反过来看,思想学术的创新也以政治的统一性为价值追求,也就是一种面向天下治乱的经世志趣,正所谓"阴阳、儒、墨、名、法、道德,此务为治者也"(《史记·太史公自序》)。就如汉代《春秋》学"尊王""大一统"思想的率先发展,与汉王朝削藩以推动中央集权的政治趋势有关。即便是要与佛道争夺人心的唐宋儒学,其兴起也有来自现实世界的治乱原因,即韩愈在《原道》里提到的社会现实:寺庙的独立经济体制诱使大量民众脱籍入佛,严重冲击大一统王朝的赋税基础。可见,经史传统与中国哲学之所以能维系斯文不坠,关键在于能自觉回应各时代关乎天下治乱的大问题,以大一统的理想之治为价值导向,肩负起"为万世开太平"的使命担当。

第四节　和合共生：统一性与和平性

最后，中华文明的统一性与和平性之间同样存在着辩证原理。统一性的追求包含着和平理想，和平性的实现以统一性为导向。也就是说，中华文明不是靠分裂为多个均势的单一民族国家来达致和平，而是在"万物并育而不相害，道并行而不相悖"的多元一体框架中达致和合共生的理想之治。关于和平性，习近平总书记指出：

> 中华文明具有突出的和平性。和平、和睦、和谐是中华文明五千多年来一直传承的理念，主张以道德秩序构造一个群己合一的世界，在人己关系中以他人为重。倡导交通成和，反对隔绝闭塞；倡导共生并进，反对强人从己；倡导保合太和，反对丛林法则。中华文明的和平性，从根本上决定了中国始终是世界和平的建设者、全球发展的贡献者、国际秩序的维护者，决定了中国不断追求文明交流互鉴而不搞文化霸权，决定了中国不会把自己的价值观念与政治体制强加于人，决定了中国坚

持合作、不搞对抗,决不搞"党同伐异"的小圈子。[1]

由此看,中华文明的和平性追求,并非一种排斥多元的同质化的和平,而是追求"交通成和""共生并进""保合太和"的和合共生的理想。多元一体的和合共生,才能为"群己合一"的大一统中华文明注入源源不断的生命活力。

一、政统

和平性的追求与中华文明的大一统政治相伴始终。早在唐虞时期,尧通过历政而建立大一统的雏形,就实现了"协和万邦""允厘百工,庶绩咸熙"(《尚书·尧典》)的平治天下之理想。在三代的封建大一统时代,以和平的方式解决内部争端,要比武力解决争端的方式在道义上更高明,所以史家会记载执意攻打犬戎而导致西周衰败的周穆王,以及祭公谋父的劝谏之辞。在春秋争霸时期,许多著名战役诸如崤之战、城濮之战、长勺之战会被浓墨重彩书写,而许多维系天下和平的盟约或弭兵之会,也会被后世史家所称赞,比如宋国大夫华元、向戌先后主持的晋、楚二国的弭兵之会,对于春秋时期的政治走势都有重要影响。到后来,秦始皇统

---

[1] 习近平:《在文化传承发展座谈会上的讲话》,《求是》2023年第17期,第6页。

一六国，实行郡县大一统，其意图之一就在于郡县大一统更能避免割据与战乱，即所谓："天下共苦战斗不休，以有侯王。赖宗庙，天下初定，又复立国，是树兵也，而求其宁息，岂不难哉！"因此，秦朝大一统的核心追求就是"黔首安宁，不用兵革；六亲相保，终无寇贼"（《史记·秦始皇本纪》）的和平治世。

此后，历代大一统的缔造者，往往以天下和平为终极追求，努力去实现儒家所憧憬的修齐治平之理想。而古人又认为，这种和平性必须是在兼容并蓄、多元一体的政治框架中实现的。这最早发源于两周之际的周室史官所提出的"和实生物，同则不继"的命题，也就是说只有多元共存的事物才能孕育活力，所谓"以他平他谓之和，故能丰长而物归之"，否则就是只求同而不存异，结果即"以同裨同，尽乃弃矣"（《国语·郑语》）。在古人看来，天道正因为有一阴一阳两种异质力量的消长、交替、循环，万物才得以生生不息。那么推天道以明人事，和合共生的天地之道，也是大一统之所以生生不息的天道依据和内在奥秘。

二、道统

此外，"和实生物，同则不继"的原理不仅体现在中国古人的政治智慧上,也融入于思想学术的精神世界中,具体体现为一种兼容并蓄、兼听则明的开放精神。孔子整理六经,既有统一性的追求,也有和合共存的眼光。比如《诗经》的十五国风代表各地风俗,既有赞颂贤人功德的诗歌,也有表现男女纯挚情爱的诗歌,而孔子认为这些诗歌都是"思无邪"(《论语·为政》)的,并没有像后世一些学者一样将其中某些诗歌判定为"淫诗"而删除废弃。后来,董仲舒、郑玄、孔颖达、二程、朱熹等学术巨擘,虽然表面上都有追求原教旨经典的趣向,但在实际治学中却都能兼容各种思想资源,以和合共存的眼光来进行学问上的综合创新。这既是包容性的表现,也体现了和合共存的追求。另外不可忽视的是,精神世界的统一性运动既体现出和合共存的特征,同时也指向了现实世界的和平性,也就是面向现实世界的大一统政治的实现,以"为万世开太平"的使命担当去做学问。比如孔子作《春秋》,志在令后世"乱臣贼子惧",就体现了这种精神。孟子的仁学及其哲学论证,也有希望自己的仁政抱负得到施展而达到"天下之民举安"(《孟子·公孙丑下》)的追求。"为万世开太平"和"乐以天下,忧以天下"的责任感,深远影响了几千年来中国知识分子的心灵世界,成为中华学术思想的深层的内在支撑。

第五节　如何跳出历史周期率？

通过以上讨论，最后我们可以看到，中华文明的统一性始终处在一组辩证关系的原理中，即"有容乃大"所刻画的统一性与包容性之关系，"道通三统"所刻画的统一性与连续性之关系，"吐故纳新"所刻画的统一性与创新性之关系，"和合共生"所刻画的统一性与和平性之关系。正因有包容性对统一性所构成的辩证原理，统一性才不致沦为僵化的集中而失去活力；正因有连续性对统一性所构成的辩证原理，统一性才获得其源远流长的历史哲学奠基；正因有创新性对统一性所构成的辩证原理，统一性才拥有历久弥新的内生动力；正因有和平性对统一性所构成的辩证原理，统一性才是一种"为万世开太平"的伟大事业，而非像罗马帝国一样，走一条依靠武力扩张维系的发展道路。正是统一性与中华文明其他四个突出特性之间的不偏不倚的"中道"平衡，中华文明统一性才生生不息、延绵不绝。

问题是，中华文明的统一性是在与其他四个突出特性的辩证关系中维系其生生不息的，但如何解释历朝历代的更替？也就是说，既然每一个朝代都不同程度地体现着"五个突出特性",为什么朝代还会被推翻?换言之,为什么会有历史周期率?需先看到,中华文明"五个突出特性"的连续不断是一回事,而具体的每个朝代的国祚短长是另一回事,两者不可混同。在理想状态中,当一个朝代的执政者能够在"五个突出特性"之间保持上述所说的那种不偏不倚的"中道"平衡,理论上就能够破解国家治理中所遇到的各种难题,维系政权长治久安。但历代统治者往往受其阶级局限的制约,并不能保持这种"中道"平衡。所以,王朝会更替,但中华文明总是不受王朝迭代的影响,而是以自身的方式除旧布新、更换血液、辉光日新,保持"五个突出特性"的长久生命力。这就是中华文明自身的独立的文化生命力。因此,在中国共产党带领中国人民建立新中国以前,中华文明既有自身几千年延续不断的突出特征,又存在着历史周期率的困境。究其根源,就在于旧封建社会的统治者尽管都会宣称秉持"天下为公"的精神,但往往又受限于"家天下"的制度现实,也就是受限于皇帝世袭制度,而不能长久坚持"公天下"理念。只有中国共产党带领中国人民建立新中国之后,在多元一体而又实现人民当家作主的新中国政治文明中,"公天下"的精神才得到彻底解放,中华文明所遇到的历史周期率的瓶颈问题才被真正打破,中华文明突出的统一性才得以彻底激活。

第四章
赓续：新中国政治文明的统一性

毛泽东同志说过："国家的统一，人民的团结，国内各民族的团结，这是我们的事业必定要胜利的基本保证。"[1] 这意味着社会主义新中国的建立，也必然赓续着中华文明多元一体的统一性。那么，中华文明的统一性，如何在新中国政治文明中获得新生呢？这一章要说明中华文明统一性的古今之变，以及马克思主义基本原理如何与中华文明统一性相结合，从而破解历史周期率，实现中华文明的"旧邦新命"。本章将从三方面来展示新中国政治文明对中华文明统一性的继承发展，即统一的政治空间，中国共产党领导、人民当家作主、依法治国有机统一的结构，以及新时代对中华文明统一性的继承和发展。

---

1 毛泽东：《毛泽东文集》（第七卷），北京：人民出版社，1999年，第204页。

第一节　统一的新中国政治空间

十月革命一声炮响,为中国送来了马克思主义。1921年7月,中国共产党应运而生。从诞生之日起,中国共产党就自觉肩负起继承和弘扬中华文明的神圣职责,以实现中华民族伟大复兴为使命担当,始终坚持把马克思主义基本原理同中国的具体实际结合起来,同中华优秀传统文化精华贯通起来,建立起万象更新的统一的社会主义新中国。

一、统一的新中国政治空间的缔造历程

新中国的成立,是中国共产党带领中国人民经过艰苦卓绝的革命奋斗的结果。以毛泽东同志为主要代表的中国共产党人,把马克思列宁主义基本原理同中国具体实践相结合,开辟了农村包围城市、武装夺取政权的正确革命道路,夺取了新民主主义革命的胜利。经过28年浴血奋斗,中国共产党领导人民于1949年10月1日宣告中华人民共和国成立,彻底结束了旧中国半殖民地半封建社会的历史,彻底结束了极少数剥削者统治广大劳动人民的"家天下"的历史,彻底

结束了旧中国一盘散沙的局面，彻底废除了列强强加给中国的不平等条约和帝国主义在中国的一切特权，实现了中国从几千年封建专制政治向人民民主的伟大飞跃。

中华人民共和国成立后，中国共产党领导人民肃清国民党反动派残余武装力量和土匪，和平解放西藏，实现祖国大陆的完全统一；完成土地改革，进行社会各方面民主改革，使中国社会焕然一新。中国共产党领导实现和巩固了全国各族人民的大团结，形成和发展各民族平等互助的社会主义民族关系，实现和巩固全国工人、农民、知识分子和其他各阶层人民的大团结，加强和扩大了广泛统一战线。

1978年十一届三中全会以后，以邓小平同志为主要代表的中国共产党人，团结带领全党全国各族人民，解放思想，实事求是，作出把党和国家工作中心转移到经济建设上来、实行改革开放的历史性决策。邓小平同志创造性地提出了"一个国家、两种制度"[1]，也就是后来概括为"一国两制"的科学构想，开辟了以和平方式实现祖国统一的新途径。经过艰巨工作和斗争，我国相继对香港、澳门恢复行使主权，洗雪了中华民族百年耻辱。中国共产党把握解决台湾问题大局，确立"和平统一、一国两制"基本方针，推动两岸双方达成体现一个中国原则的"九二共识"，推进两岸协商谈判，开

---

1 邓小平：《邓小平文选》（第三卷），北京：人民出版社，1993年，第59页。

启两岸政党交流。制定《反分裂国家法》，坚决遏制"台独"势力、促进祖国统一，有力挫败各种制造"两个中国""一中一台"的图谋。

党的十八大以来，以习近平同志为核心的党中央统筹把握中华民族伟大复兴战略全局和世界百年未有之大变局，继续坚定不移贯彻"一国两制"方针，坚持和完善"一国两制"制度体系，坚持依法治港治澳，维护宪法和基本法确定的特别行政区宪制秩序和法治秩序，落实中央对特别行政区全面管治权，坚定落实"爱国者治港""爱国者治澳"。全面支持香港、澳门更好融入国家发展大局，高质量建设粤港澳大湾区，支持港澳发展经济、改善民生，增强港澳同胞国家意识和爱国精神，为推进"一国两制"实践行稳致远打下了坚实基础。在台湾问题上，推动实现 1949 年以来两岸领导人首次会晤、两岸领导人直接对话沟通，推动两岸关系和平发展，出台一系列惠及广大台胞的政策，加强两岸经济文化交流合作；坚决反对"台独"分裂行径，坚决反对外部势力干涉，牢牢把握两岸关系主导权和主动权。

经过几代中国共产党人的努力，社会主义新中国的政治框架基本成熟，呈现出多元一体的统一的政治空间。中华文明统一性特征实现创造性转化和创新性发展。以上是从纵向的历史的角度对多元一体的新中国政治文明形成的伟大历程的勾勒，以下从横向的角度，进一步深入描绘这一政治空间的层次结构中的统一性特征。

二、新中国政治空间的层次结构

中华人民共和国是统一的多民族国家。新中国的政治空间，继承发展了5000多年中华文明多元一体的统一性特征。具体而言，这一空间格局至少表现在以下四个基本方面：

第一，单一制国家结构。中华人民共和国是全世界最大的单一制国家。在单一制国家结构中，全国确立唯一的中央政权机关，中央政府对全国的行政单位或自治单位实施统一领导，政权一直延伸到乡镇、街道一级，形成省（直辖市、自治区）、县（市）、乡镇（街道）三级垂直管理模式；实行中央统一集权，地方政府的权力由中央政府授予，接受中央政府的统一领导；地方政府在中央政府的领导下行使职权，没有独立的对外权力。从法律体系上看，全国有一部宪法和一个统一的法律体系，整个国家遵循同一套宪法和法律框架。单一制的国家结构，是新中国多元一体政治空间中"一体"的基本底盘。

第二，民族区域自治制度。中国实行单一制的国家结构形式，但由于中国是多民族的国家，为了实现民族平等，同时实行了民族区域自治制度。民族区域自治制度是中国共产党运用马克思主义民族理论解决中国民族问题的一项重大创新，也是当代中国的一项基本政治制度。民族区域自治不是某个民族独享的自治，民族自治地方更不是某个民族独有的地方，而是坚持统一和自治相结合、民族因素和区域因素相结合。实践证明，民族区域自治制度既能够建立各民族之间的真正团结合作，使各民族紧密团结在一起，为建设祖国共同努力，又能够引导各民族共同走上社会主义道路，使其在经济上、文化上都得到迅速发展。民族区域自治制度是新中国多元一体政治空间中"多元"特色的重要组成部分。

第三，"一国两制"基本国策。"一国两制"就是在统一的国家之内，国家主体实行社会主义制度，个别地区依法实行资本主义制度，其具体制度设计即特别行政区的设立。1997年香港回归，1999年澳门回归，中央政府即在两地设立特别行政区政府。特别行政区享有高度的自治权，可实行与各省、自治区、直辖市不同的社会经济、政治、文化制度，同时，特别行政区又是统一的中华人民共和国的组成部分。"一国两制"也是新中国多元一体政治空间格局中"多元"特色的又一重要组成部分。

第四，中国共产党领导的多党合作和政治协商制度。中国共产党领导的多党合作和政治协商制度是我国的一项基本政治制度，其基本格局是一党领导、多党合作。在长期的革命、建设、改革过程中，已经结成由中国共产党领导的，有各民主党派和各人民团体参加的，包括全体社会主义劳动者、社会主义事业的建设者、拥护社会主义的爱国者、拥护祖国统一和致力于中华民族伟大复兴的爱国者的广泛的爱国统一战线，为国家统一事业作出了重要贡献。中国共产党领导的多党合作和政治协商制度，将新中国多元一体的格局从地理空间的维度拓展到政治社会空间的维度，形成层次更加立体多维的多元一体格局。

第二节　党的领导、人民当家作主、依法治国有机统一

上一节我们指出，新中国多元一体的政治空间，其"一体"体现在中央集权的单一制国家结构，其"多元"则体现在民族区域自治制度、"一国两制"基本国策、中国共产党领导的多党合作和政治协商制度等几个重要方面，这是一种立体多维的新的多元一体格局。那么问题在于，这样一种新的多元一体格局，如何能打破第三章最后所讲到的历史周期

率呢？换言之，新中国多元一体的政治空间，如何彻底解放中华文明源远流长的"天下为公"精神，从而跳出历史周期率呢？如前述，传统大一统政治的内在缺陷是"家天下"制度对"公天下"精神的制约，其本质是一种由极少数人剥削广大劳动人民群众的权力结构，使得历代统治者与广大劳苦民众产生情感隔膜，出现"我生不有命在天""何不食肉糜"等幻觉。因此，历代王朝总会陷入这样一种循环：王朝的开创者多少能兢兢业业、体恤民情，但到了中晚期，统治阶级便腐朽堕落、漠视民情、鱼肉百姓，最后免不了被揭竿而起的民众推翻的命运，由此开启新一轮循环。问题的症结，在于"家天下"制度的破解。

"旧邦新命"的任务落在了中国共产党人肩上。中国共产党深知，人类历史及其成就从来就不是英雄人物所能独自创造的，更远非天命神授的，而是如恩格斯说的："人们总是通过每一个人追求他自己的、自觉预期的目的来创造他们的历史，而这许多按不同方向活动的愿望及其对外部世界的各种各样作用的合力，就是历史。"[1]换言之，只有最大范围内的合力，也就是最广大人民群众的共同力量才能创造历史。那么，既然人民群众创造历史，就应当享有人类社会的广泛

---

[1] 《马克思恩格斯全集》（第二十八卷），北京：人民出版社，2018年，第356—357页。

权利，名副其实地成为国家的主人翁。因此，中国共产党带领中国人民建立中华人民共和国，真正实现了人民当家作主，从而彻底结束了旧中国少数人剥削广大人民群众的"家天下"的时代，彻底解放了中华文明的"天下为公"精神，跳出了历史周期率。只有在实现人民当家作主、实现"天下为公"的政治架构中，新中国多元一体政治空间的向心力才能维系。而人民当家作主与党的领导、依法治国，一同构成新中国多元一体政治空间能够凝聚团结的制度内核。三者有机统一，不可割裂，既是体现新中国"天下为公"精神的政治特征，也是中华文明统一性在新中国的更深层的基础。以下我们考察三者的内涵特征。

一、中国共产党领导：中国特色社会主义的最本质特征

中国共产党是中国工人阶级的先锋队，同时是中国人民和中华民族的先锋队，她必然要肩负起实现中华民族伟大复兴、实现中华文明"旧邦新命"的伟大使命。

中国共产党诞生于国家内忧外患、民族危难之际。中国共产党的诞生，是开天辟地的大事变，深刻改变了近代以后中华民族发展的方向和进程，深刻改变了中国人民和中华民

族的前途和命运，深刻改变了世界发展的趋势和格局。100多年来，中国共产党领导中国人民团结奋斗、不断进取，走过了波澜壮阔的光辉历程，取得了震古烁今的伟大成就。中国从四分五裂、一盘散沙到高度统一、民族团结，从积贫积弱、一穷二白到全面小康、繁荣富强，从被动挨打、饱受欺凌到独立自主、坚定自信。中华民族迎来了实现伟大复兴的光明前景，中国人民正在信心百倍地书写着新时代中国发展的伟大历史。只有中国共产党，才有能力领导中国人民激活5000多年中华文明的磅礴力量，缔造多元一体的社会主义新中国。历史雄辩地表明，中国共产党是中国特色社会主义事业的领导核心。没有中国共产党就没有新中国，就没有中国特色社会主义，就没有中华民族的伟大复兴。

习近平总书记指出："中国特色社会主义最本质的特征是中国共产党领导，中国特色社会主义制度的最大优势是中国共产党领导。"[1] 在当今中国，中国共产党是最高的政治领导力量，党的领导是全面的、系统的、整体的。党的十八大以来，以习近平同志为核心的党中央旗帜鲜明坚持和加强党的全面领导、维护党中央权威和集中统一领导，把党的领导落实到党和国家事业各领域各方面各环节，保证全党在政治

---

1 习近平：《在庆祝中国共产党成立95周年大会上的讲话》，北京：人民出版社，2016年，第22页。

立场、政治方向、政治原则、政治道路上同党中央保持高度一致，党的政治领导力、思想引领力、群众组织力、社会号召力显著增强。中国共产党的领导，深刻体现了中华文明统一性的鲜明特征。

二、人民当家作主：社会主义民主政治的本质特征

《中华人民共和国宪法》规定："中华人民共和国的一切权力属于人民。"中华人民共和国成立以来，特别是改革开放以来，中国共产党团结带领中国人民在发展社会主义民主政治方面取得了重大进展，成功开辟和坚持了中国特色社会主义政治发展道路，为实现最广泛的人民民主确立了正确方向。人民民主是社会主义的生命，是全面建设社会主义现代化国家的应有之义。没有民主就没有社会主义，就没有社会主义的现代化，就没有中华民族伟大复兴。在前进道路上，中国共产党坚定不移地推进社会主义民主政治建设，发展全过程人民民主，保障人民当家作主。这一政治发展道路的核心思想、主体内容、基本要求，都在宪法中得到了确认和体现。事实充分证明，中国社会主义民主政治具有强大生命力，中国特色社会主义政治发展道路是符合中国国情、保证人民当家作主的正确道路。

中国共产党始终高举人民民主的旗帜，领导人民进行不懈探索和奋斗，不断发展社会主义民主，确保人民享有广泛而真实的民主权利。党的十八大以来，以习近平同志为核心的党中央，深化对民主政治发展规律的认识，提出了全过程人民民主的重大理念。习近平总书记指出："全过程人民民主是社会主义民主政治的本质属性，是最广泛、最真实、最管用的民主。"[1] 全过程人民民主是全面、广泛、有机衔接的人民当家作主制度体系，构建了多样、畅通、有序的民主渠道，实现了过程民主和成果民主、程序民主和实质民主、直接民主和间接民主、人民民主和国家意志相统一。全过程人民民主充分彰显社会主义国家性质，充分彰显人民主体地位，使人民意志得到更好体现、人民权益得到更好保障、人民创造活力进一步激发。人民代表大会制度是我国的根本政治制度，是实现全过程人民民主的重要制度载体。这一根本制度，坚持中国共产党领导，坚持马克思主义国家学说的基本原则，适应人民民主专政的国体，有效保证国家沿着社会主义道路前进；坚持国家一切权力属于人民，最大限度保障人民当家作主。

---

[1] 习近平：《高举中国特色社会主义伟大旗帜　为全面建设社会主义现代化国家而团结奋斗——在中国共产党第二十次全国代表大会上的报告》，北京：人民出版社，2022年，第37页。

三、依法治国：党领导人民治理国家的基本方式

全面依法治国是坚持和发展中国特色社会主义的本质要求和重要保障，事关党执政兴国，事关人民幸福安康，事关党和国家长治久安。习近平总书记指出："法治兴则国家兴，法治衰则国家乱。什么时候重视法治、法治昌明，什么时候就国泰民安；什么时候忽视法治、法治松弛，什么时候就国乱民怨。"[1] 全面推进依法治国，是解决党和国家事业发展面临的一系列重大问题，解放和增强社会活力、促进社会公平正义、维护社会和谐稳定、确保党和国家长治久安的根本要求。

中国特色社会主义法治道路的核心要义，就是要坚持中国共产党的领导，坚持中国特色社会主义制度，贯彻中国特色社会主义法治理论。坚持中国特色社会主义法治道路，最根本的是坚持党的领导。全面依法治国最广泛、最深厚的基础是人民。我国社会主义制度保证了人民当家作主的主体地位，也保证了人民在全面推进依法治国中的主体地位。中国共产党始终坚持以人民为中心，坚持法治为了人民、依靠人民、造福人民、保护人民，积极回应人民群众新要求新期待，把体现人民利益、反映人民愿望、维护人民权益、增进人民

---
[1] 中共中央文献研究室编：《习近平关于全面依法治国论述摘编》，北京：中央文献出版社，2015年，第8页。

福祉落实到全面依法治国各领域全过程。

综上可见,党的领导、人民当家作主、依法治国是有机统一的。习近平总书记指出,坚持党的领导、人民当家作主、依法治国有机统一是社会主义政治发展的必然要求;实践表明,党的领导、人民当家作主、依法治国完全可以有机统一起来。[1]党的领导是人民当家作主和依法治国的根本保证,人民当家作主是社会主义民主政治的本质特征,依法治国是党领导人民治理国家的基本方式,三者统一于我国社会主义民主政治伟大实践,而其中最根本的是党的领导。党的领导、人民当家作主、依法治国,三者的有机统一既是新中国多元一体政治空间向心力的坚强政治保障和政治内核,也是中华文明统一性在社会主义新中国的深层体现。

第三节　新时代对中华文明统一性的继承发展

2023年6月2日,习近平总书记在京出席文化传承发展

1　习近平:《中国共产党领导是中国特色社会主义最本质的特征》,《求是》2020年第14期,第11、14页。

座谈会并发表重要讲话,强调在新的起点上继续推动文化繁荣、建设文化强国、建设中华民族现代文明,是我们在新时代新的文化使命。建设中华民族现代文明,需要对5000多年中华文明有深刻理解。在座谈会上,习近平总书记从中华优秀传统文化的内在机理和重要元素中,系统提炼出中华文明突出的连续性、创新性、统一性、包容性、和平性,深刻阐述了中华文明发展的本质规律,为建设中华民族现代文明提供了科学指南。

要发挥中华文明"五个突出特性"的深厚积累建设中华民族现代文明,根本途径是习近平总书记提出的"两个结合",尤其是"第二个结合"。"第二个结合"让马克思主义成为中国的,中华优秀传统文化成为现代的,让经由"结合"而形成的新文化成为中国式现代化的文化形态。"第二个结合"让中国特色社会主义道路有了更加宏阔深远的历史纵深,拓展了中国特色社会主义道路的文化根基。"第二个结合"是又一次的思想解放,让我们能够在更广阔的文化空间中,充分运用中华优秀传统文化的宝贵资源,探索面向未来的理论和制度创新。"两个结合"巩固了文化主体性,表明中国共产党的历史自信、文化自信达到了新高度,表明党在传承中华优秀传统文化中推进文化创新的自觉性达到了新高度。[1]

---

1 习近平:《在文化传承发展座谈会上的讲话》,《求是》2023年第17期,第8—10页。

"两个结合"尤其是"第二个结合",是习近平新时代中国特色社会主义思想的形成机制和内在原理。中华民族现代文明是一种坚持和发展了中华文明突出特性的现代文明。[1] 就本书论题而言,习近平总书记对中华文明突出的统一性的高度自觉和深刻论述,正是习近平新时代中国特色社会主义思想逐步成熟的硕果之一。习近平新时代中国特色社会主义思想作为新时代的指导思想,鲜明体现了新时代对中华文明统一性的继承发展。以下将从五个方面来展示习近平新时代中国特色社会主义思想对中华文明突出的统一性的继承和发展。

一、坚持人民至上,促进共同富裕

习近平总书记指出:"江山就是人民,人民就是江山,人心向背关系党的生死存亡。"[2] 打江山、守江山,守的是人民的心。不论古今,都是这个道理。习近平新时代中国特色社会主义思想坚持以人民为中心,树牢群众观点,贯彻群众路线,尊重人民首创精神,坚持一切为了人民、一切依靠人民,始终保持同人民群众的血肉联系,强调要始终接受人民批评

---

[1] 参见张志强:《深刻理解"第二个结合"的首创性意义》,《哲学研究》2023年第8期,第5—14页。

[2] 习近平:《在党史学习教育动员大会上的讲话》,《求是》2021年第7期,第11页。

和监督，始终同人民同呼吸、共命运、心连心；强调发展全过程人民民主，充分激发全体人民的主人翁精神。人民群众是创造历史的原动力，只有在真正实现人民群众的主人翁地位的新中国政治文明中，中华文明统一性背后的"天下为公"精神才会获得真正解放。

习近平总书记在党的二十大报告中指出，"中国式现代化是全体人民共同富裕的现代化""坚持把实现人民对美好生活的向往作为现代化建设的出发点和落脚点，着力维护和促进社会公平正义，着力促进全体人民共同富裕，坚决防止两极分化"。[1]在我国经济建设由高速增长转入高质量发展的新时代，如何让社会主义市场经济既保持高效益和活力，又能体现公平正义，让发展成果更多更公平惠及全体人民，不断满足人民群众对美好生活的需要，亦是系于中国共产党人心中的"国之大者"。

坚持人民至上，促进共同富裕，才能牢牢保障人民当家作主的地位，才能确保实现新中国多元一体格局中的"天下为公"精神，更好地继承和发展中华文明突出的统一性特征。

---

[1] 习近平：《高举中国特色社会主义伟大旗帜　为全面建设社会主义现代化国家而团结奋斗——在中国共产党第二十次全国代表大会上的报告》，北京：人民出版社，2022年，第22页。

二、全面从严治党，发扬党的自我革命精神

中国共产党是中国特色社会主义事业的领导核心。打铁必须自身硬。办好中国的事情，关键在党，关键在坚持党要管党、全面从严治党。习近平总书记指出："党和人民事业发展到什么阶段，全面从严治党就要跟进到什么阶段，坚持严字当头，把严的要求贯穿管党治党全过程，以自我革命的政治勇气着力解决党内存在的突出问题，做到管党有方、治党有力、建党有效。"[1]

党的十八大以来，以习近平同志为核心的党中央把全面从严治党贯穿于中国特色社会主义事业全过程和党的建设各方面，以前所未有的勇气和定力推进党风廉政建设和反腐败斗争。没有全面从严治党的革命性锻造，就不会有今天这样一个高度团结、坚强有力的中国共产党，就不会有在困难面前万众一心、众志成城的党群关系，就不可能在国际风云变幻中赢得历史主动。

跳出历史周期率问题关系党的生死存亡，关系我国社会主义制度的兴衰成败。如何跳出历史周期率？中国共产党从未停止思索和探索。毛泽东同志给出了第一个答案，这就是

---

[1] 中共中央党史和文献研究院编：《习近平关于全面从严治党论述摘编（2021年版）》，北京：中央文献出版社，2021年，第12页。

"让人民来监督政府"。经过百年奋斗特别是党的十八大以来新的实践，以习近平同志为核心的党中央给出了第二个答案，这就是自我革命。勇于自我革命，是中国共产党最鲜明的品格，也是中国共产党最大的优势。100多年来，中国共产党外靠发展人民民主、接受人民监督，内靠全面从严治党、推进自我革命，勇于坚持真理、修正错误，勇于刀刃向内、刮骨疗毒，保证了党长盛不衰、不断发展壮大。

全面从严治党，发扬党的自我革命精神，才能确保中国共产党始终成为中国特色社会主义事业坚强领导核心，更好地继承和发展中华文明突出的统一性特征。

三、铸牢中华民族共同体意识

在中华文明历史演进中，我国各民族在分布上交错杂居、文化上兼收并蓄、经济上相互依存、情感上相互亲近，形成了你中有我、我中有你，谁也离不开谁的多元一体格局。

中华人民共和国成立后，党确立了以民族平等、民族团结、民族区域自治、各民族共同繁荣为主要内容的民族理论和民族政策基本框架，各民族在社会主义制度下实现了真正意义上的平等团结进步。改革开放和社会主义现代化建设新时期，中国共产党坚持各民族共同团结奋斗、共同繁荣发展，采取一系列重大措施支持民族地区经济社会发展，取得显著成就。习近平总书记指出，铸牢中华民族共同体意识，就是要引导各族人民牢固树立休戚与共、荣辱与共、生死与共、命运与共的共同体理念；要大力促进各民族共同团结奋斗，为强国建设、民族复兴凝聚磅礴力量；要全面实现各民族共同繁荣发展，让各族人民共享强国建设、民族复兴的伟大荣光；要全面贯彻党的二十大部署，准确把握党的民族工作新的阶段性特征，扎实推进民族团结进步事业。对此，习近平总书记提出了四点要求：第一，立足中华民族悠久历史，加强中华民族共同体理论体系建设；第二，着眼建设中华民族现代文明，不断构筑中华民族共有精神家园；第三，促进各民族广泛交往交流交融，以中华民族大团结促进中国式现代化；第四，讲好中华民族故事，大力宣介中华民族共同体意识。[1]

四、贯彻新时代总体国家安全观

国家安全是安邦定国的重要基石。维护国家安全是全国各族人民根本利益所在。进入新时代，国家安全内涵和外延

---

[1] 习近平：《铸牢中华民族共同体意识 推进新时代党的民族工作高质量发展》，《求是》2024年第3期，第6—8页。

比历史上任何时候都要丰富，时空领域比历史上任何时候都要宽广，内外因素比历史上任何时候都要复杂，国家安全在党和国家工作全局中的重要性日益凸显。在准确把握国家安全形势变化新特点新趋势的基础上，以习近平同志为核心的党中央统揽国家安全全局，创造性地提出总体国家安全观。总体国家安全观关键在"总体"，强调的是做好国家安全工作的系统思维和方法，突出的是"大安全"理念，涵盖政治、军事、国土、经济、文化、社会、科技、网络、生态、资源、核、海外利益、太空、深海、极地、生物等诸多领域，而且随着社会发展不断拓展。

中国特色国家安全道路具有许多重要特征，概而言之，就是坚持党的绝对领导，完善集中统一、高效权威的国家安全工作领导体制，实现政治安全、人民安全、国家利益至上相统一；坚持捍卫国家主权和领土完整，维护边疆、边境、周边安定有序；坚持发展与安全并重，推动高质量发展和高水平安全动态平衡；坚持总体战，统筹传统安全和非传统安全；坚持走和平发展道路，促进自身安全和共同安全相协调。

坚持贯彻新时代总体国家安全观，保证国家统一、人民安定、事业繁荣，是新时代继承和发展中华文明统一性特征的必然要求。

五、坚定文化自信，以中国式现代化开创人类文明新形态

文化是一个国家、一个民族的灵魂。文化自信是更基础、更广泛、更深厚的自信，是一个国家、一个民族发展中最基本、最深沉、最持久的力量，可以为中华民族伟大复兴凝聚人心。习近平总书记指出："有文化自信的民族，才能立得住、站得稳、行得远。中华文明历经数千年而绵延不绝、迭遭忧患而经久不衰，这是人类文明的奇迹，也是我们自信的底气。坚定文化自信，就是坚持走自己的路。坚定文化自信的首要任务，就是立足中华民族伟大历史实践和当代实践，用中国道理总结好中国经验，把中国经验提升为中国理论，既不盲从各种教条，也不照搬外国理论，实现精神上的独立自主。要把文化自信融入全民族的精神气质与文化品格中，养成昂扬向上的风貌和理性平和的心态。"[1]

习近平总书记在文化传承发展座谈会上指出："中国式现代化是赓续古老文明的现代化，而不是消灭古老文明的现代化；是从中华大地长出来的现代化，不是照搬照抄其他国家的现代化；是文明更新的结果，不是文明断裂的产物。"[2]

---

[1] 习近平：《在文化传承发展座谈会上的讲话》，《求是》2023年第17期，第11页。
[2] 同1，第9页。

由此，中国式现代化作为一种人类文明新形态的伟大意义，在于它激活了中华文明生生不息的内在力量。中国式现代化创造性地运用马克思主义原理，激活了中华文明固有的天道民心、大群一体、天人合一、保合太和、均平富民等价值理想，同时创造性地解决了传统中国几千年积累下的弊病，克服了西方式现代化弊病，开辟出中华文明的新境界和新形态。

前面分析指出，中华文明的大一统政治传统追求的是"道通三统"，也就是在一种底气十足的历史连续性中开创国家统一新格局。这是一种基于历史自信的文化自信。坚定文化自信，以中国式现代化开创人类文明新形态，是对中华文明统一性的创造性转化和创新性发展。

综上可见，在新中国的政治文明中，中国共产党实现了中华文明突出的统一性的古今之变。它体现在多元一体的政治空间上，体现在中国共产党领导、人民当家作主、依法治国的有机统一上，体现在习近平新时代中国特色社会主义思想上。这是一种层次极为丰富的统一性。多元一体的政治空间是新中国政治文明统一性的直观形态。中国共产党领导、人民当家作主、依法治国的有机统一，是这一直观形态内部的核心引擎，三者从不同维度体现各自的统一性，三者的有机统一又是一种更高层次的统一性。习近平新时代中国特色社会主义思想继承和发展了马克思列宁主义、毛泽东思想、邓小平理论、"三个代表"重要思想、科学发展观，凝结着党和人民的实践经验和集体智慧，是中国特色社会主义理论体系的重要组成部分，是全党全国人民为实现中华民族伟大复兴而奋斗的行动指南。这三方面的统一性又是有机统一的，为统一而坚强的当代中国赋予巨大凝聚力，实现中华文明的"旧邦新命"。其成功的关键在于，马克思主义基本原理与中华文明、中华优秀传统文化相互契合，才能有机结合，从而真正解开中华文明深处的纽结，开创文明的新形态。

结　语

2023年6月2日，习近平总书记在文化传承发展座谈会上全面系统深刻揭示中华文明所具有的"五个突出特性"。自中国共产党诞生及新中国成立以来，还没有一个党和国家领导人站在如此自觉的文化高度，对中华文明的内在特质和发展规律作出如此提纲挈领的概括，并揭示出"五个突出特性"对当下正在如火如荼进行的中国式现代化的重大现实意义，从而将5000多年中华文明史与百年党史一气贯通。

如何发挥中华文明"五个突出特性"对中国式现代化的深厚滋养和磅礴力量，既需要党和国家的掌舵护航，也需要学界同仁的覃思精研。文化传承发展座谈会之后，学界围绕这"五个突出特性"，业已从不同学科角度发表了不少见解精彩的阐释文章，积累下可观的先行成果。不过，从推进学术研究的角度出发，目前还有许多重要问题和丰富意蕴未得到充分揭示。就本书所关注的统一性而言，通过以上初步探讨，笔者认为若要加深对中华文明统一性的学理性研究，有三方面问题可进一步展开。

第一，大一统的文明史应当从何时谈起？"开端"很大程度决定着"存在"的品格。以往关于大一统起源的判断，或下至秦汉的成熟国家形态，或上至黄帝的远古时代。但站在中华文明的自我叙事内部看，真正具有文明意义的大一统，亦即蕴含后世中华政教价值理念的大一统雏形，到底在哪呢？孔子编《尚书》未录黄帝而"独载尧以来"，此事蕴含深意。鉴于此，本书将开端设在"尧制历"，提供了一种目前学界尚未充分重视的理解。那么，聚焦于作为大一统文明开端的"尧制历"看，如何从更为内部的视角，去理解中华文明统一性自身的文明品格和义理内涵，就是一个值得深入探索的问题域。

第二，除了大一统政治传统，中华文明突出的统一性还体现在哪些重要方面？目前相关阐释文章多集中在大一统政治的辉煌历史上，这固然是中华文明统一性最主要的面貌。然而，如何透过这个面貌看到背后的精神灵魂，或许才是更深刻、更具学理性的问题。当这个面貌遭遇冲击而碎裂时，背后是一股怎样的天地巨力，能把中国重新拼接并凝合成一个更成熟、更多元一体的大中国？这股天地巨力的形成，除了有政治经济社会的复杂因素，更重要的是中华文明在精神世界层面的统一性。对此，本书从心理认同、经史传统、哲学建构等层面作了解释。当然，这些只是初步思考，未来有待学界的进一步探索。

第三，如何理解统一性在"五个突出特性"中的义理位置，进而如何理解"五个突出特性"的义理结构？在第三章中我们看到，统一性可以与其他四个突出特性分别构成一对辩证原理，而其他四个突出特性从各自角度出发又能与统一性构成不一样的辩证原理，如统一性守护了连续性，连续性又证成了统一性。实际上，"五个突出特性"之间都可以两两构成辩证统一关系，说明"五个突出特性"内含精巧的义理结构。如何充分打开这个义理结构的哲学空间，无疑是一个考验哲学思辨和史学功底的重大论题。

以上三方面问题，本书只是做了一点抛砖引玉的工作，思考不成熟之处非常多，有待学界同仁批评指正，并期待进一步深化相关学理探讨。中华典籍浩如烟海，内蕴广大精微的文明哲理。研究中华文明突出特性的历史脉络和内在机理，从而为当下中国实践提供学理支撑，是一个须绵绵用力、久久为功的"斯文"传承事业。正所谓："无冥冥之志者，无昭昭之明；无惛惛之事者，无赫赫之功。"（《荀子·劝学》）

主要参考文献

一、理论经典与党的文献

1. 《马克思恩格斯全集》（第十九卷），北京：人民出版社，1963年。
2. 《马克思恩格斯全集》（第二十八卷），北京：人民出版社，2018年。
3. 毛泽东：《毛泽东文集》（第七卷），北京：人民出版社，1999年。
4. 邓小平：《邓小平文选》（第三卷），北京：人民出版社，1993年。
5. 习近平：《领导干部要读点历史》，《学习时报》2011年9月5日，第1版。
6. 习近平：《在庆祝中国共产党成立95周年大会上的讲话》，北京：人民出版社，2016年。

7. 习近平：《中国共产党领导是中国特色社会主义最本质的特征》，《求是》2020 年第 14 期。

8. 习近平：《在党史学习教育动员大会上的讲话》，《求是》2021 年第 7 期。

9. 习近平：《高举中国特色社会主义伟大旗帜　为全面建设社会主义现代化国家而团结奋斗——在中国共产党第二十次全国代表大会上的报告》，北京：人民出版社，2022 年。

10. 习近平：《在文化传承发展座谈会上的讲话》，《求是》2023 年第 17 期。

11. 习近平：《铸牢中华民族共同体意识　推进新时代党的民族工作高质量发展》，《求是》2024 年第 3 期。

12. 中共中央文献研究室编：《习近平关于全面依法治国论述摘编》，北京：中央文献出版社，2015 年。

13. 中共中央党史和文献研究院编：《习近平关于全面从严治党论述摘编（2021 年版）》，北京：中央文献出版社，2021 年。

14. 中共中央宣传部编：《习近平新时代中国特色社会主义思想学习纲要（2023 年版）》，北京：学习出版社、人民出版社，2023 年。

二、研究论著

1. 陈壁生：《经史之间的郑玄》，《哲学研究》2020年第1期。
2. 陈来：《仁学本体论》，《文史哲》2014年第4期。
3. 陈少明：《仁义之间：陈少明学术论集》，贵阳：孔学堂书局，2017年。
4. 陈跃：《论中国古代"大一统"内涵的发展演变》，《中国边疆史地研究》2022年第1期。
5. 费孝通主编：《中华民族多元一体格局(修订本)》，北京：中央民族大学出版社，1999年。
6. 费孝通：《乡土中国》，北京：北京出版社，2009年。
7. 干春松：《中华文化简明读本》，北京：中国社会科学出版社，2017年。
8. 葛剑雄：《统一与分裂：中国历史的启示（修订本）》，北京：商务印书馆，2013年。
9. 葛兆光：《宅兹中国：重建有关"中国"的历史论述》，北京：中华书局，2011年。
10. 顾颉刚：《秦汉的方士与儒生》，上海：上海古籍出版社，2005年。
11. 何炳棣：《黄土与中国农业的起源》，香港：香港中文大学出版社，1969年。

12. 侯旭东：《汉家的日常》，北京：北京师范大学出版社，2022年。

13. 江湄：《怎样认识10至13世纪中华世界的分裂与再统一》，《史学月刊》2019年第6期。

14. 江湄：《正统、道统与华夷之辨——论南宋的"中国"认同及其历史意义》，《中国哲学史》2022年第3期。

15. 金景芳：《金景芳古史论集》，长春：吉林大学出版社，1991年。

16. 金景芳、吕绍纲：《〈尚书·虞夏书〉新解》，沈阳：辽宁古籍出版社，1996年。

17. 李峰：《西周的灭亡》，徐峰译，汤惠生校，上海：上海古籍出版社，2007年。

18. 李若晖：《久旷大仪：汉代儒学政制研究》，北京：商务印书馆，2018年。

19. 李勇刚：《天下归心："大一统"国家的历史脉络》，北京：人民出版社，2021年。

20. 马卫东：《大一统源于西周封建说》，《文史哲》2013年第4期。

21. 皮锡瑞：《经学历史》，周予同注释，北京：中华书局，2011年。

22. 沈文倬：《菿闇文存——宗周礼乐文明与中国文化考论》，

北京：商务印书馆，2006 年。

23. 田余庆：《东晋门阀政治》，北京：北京大学出版社，2012 年。

24. 王明珂：《华夏边缘：历史记忆与族群认同》，台北：允晨文化，1997 年。

25. 王明珂：《游牧者的抉择：面对汉帝国的北亚游牧部族》，桂林：广西师范大学出版社，2008 年。

26. 王震中：《"大一统"思想的由来与演进》，《海南大学学报（人文社会科学版）》2022 年第 3 期。

27. 徐复观：《中国人性论史·先秦篇》，北京：九州出版社，2013 年。

28. 许宏：《何以中国：公元前 2000 年的中原图景》，北京：生活·读书·新知三联书店，2014 年。

29. 阎步克：《波峰与波谷——秦汉魏晋南北朝的政治文明（第二版）》，北京：北京大学出版社，2017 年。

30. 严文明：《中国史前文化的统一性与多样性》，《文物》1987 年第 3 期。

31. 杨立华：《宋明理学十五讲》，北京：北京大学出版社，2015 年。

32. 杨念群：《"天命"如何转移：清朝"大一统"观的形成与实践》，上海：上海人民出版社，2022 年。

33. 杨向奎：《大一统与儒家思想》，北京：北京出版社，2016年。

34. 虞云国：《细说宋朝》，上海：上海人民出版社，2002年。

35. 赵鼎新：《东周战争与儒法国家的诞生》，夏江旗译，上海：华东师范大学出版社、上海三联书店，2006年。

36. 赵汀阳：《惠此中国：作为一个神性概念的中国》，北京：中信出版社，2016年。

37. 张守军：《中国古代的税赋与劳役》，北京：商务印书馆，1998年。

38. 张志强：《如何理解中国及其现代》，《文化纵横》2014年第1期。

39. 张志强：《超越民族主义："多元一体"的清代中国——对"新清史"的回应》，《文化纵横》2016年第2期。

40. 张志强：《深刻理解"第二个结合"的首创性意义》，《哲学研究》2023年第8期。

41. 郑开：《德礼之间：前诸子时期的思想史》，北京：生活·读书·新知三联书店，2009年。

42. （日）纸屋正和：《汉代郡县制的展开》，朱海滨译，上海：复旦大学出版社，2016年。

后　记

笔者于2021年7月入职中国社会科学院哲学研究所，至今已快三年。在社科院工作的最大感受，就是参与上级交办的集体攻关科研任务成为我们日常工作的重要组成部分。参加有组织的科研令人受益匪浅。它既使我在与同事们共事的过程中感受到集体的温暖和乐趣，也激发了以个人学术研究对当代重大问题加以关怀的意识。由于在之前数次参加集体科研任务的过程中，我多次承担与大一统政治传统相关的研究阐释工作，因此此次关于中华文明"五个突出特性"的研究阐释项目，也就由我负责《多元一体——中华文明突出的统一性》的撰写工作。从今年年初接到任务，到2月份搜集材料、提炼结构，到3月份集中精力撰稿，再到4、5月份多次集中统稿审读，这本小书的如期付梓，既是提交课题任务的一份答卷，也是我过去三年参与哲学所集体课题积累的阶段性总结。

感谢哲学所所长张志强老师、中国哲学研究室主任刘丰老师领导有方。张老师既善于用人，能够根据课题组成员的知识结构来合理分配任务，又富于感染力，能够提振士气，激发斗志，在把握大方向的基础上带领课题组协同完成攻关，令人钦佩。刘老师作为研究室领导，同时也是《保合太和——中华文明突出的和平性》的撰稿人，他能够"身先士卒"，春节假期间就开始写作，使我们不敢懈怠，加快步伐，全身心跟上。在两位老师的卓越领导下，课题组成员最终完成了一开始一致认为不可能按时完成的任务。这就是集体科研的乐趣所在吧！

感谢课题组成员任蜜林老师、孙海科老师、傅正老师、胡海忠老师在写作、统稿过程中为我提供的慷慨帮助和富有启发性的修改意见。入职以来，诸位老师丰富的学识开拓了我的学术视野，能与诸位老师"并肩作战"是我的荣幸。感谢课题组助理章含舟老师、薛冰洋老师牺牲宝贵时间，为课题组所作的出色的保障工作，使我们能全神贯注于紧张的统稿工作。

向哲学所的领导、同事们，以及浙江古籍出版社的老师们致敬！

龙涌霖

2024 年 5 月 22 日

图书在版编目(CIP)数据

多元一体：中华文明突出的统一性／龙涌霖著．--杭州：浙江古籍出版社，2024.5
（中华文明突出特性阐释丛书／张志强主编）
ISBN 978-7-5540-2958-9

Ⅰ．①多… Ⅱ．①龙… Ⅲ．①中华文化－研究 Ⅳ．① K203

中国国家版本馆 CIP 数据核字（2024）第 090870 号

策　　划	芮　宏	整体设计	吴思璐
组　　稿	关俊红	责任校对	张顺洁
责任编辑	黄玉洁	责任印务	楼浩凯

中华文明突出特性阐释丛书
多元一体——中华文明突出的统一性
龙涌霖　著

出版发行	浙江古籍出版社
	（杭州市环城北路 177 号　电话：0571-85068292）
网　　址	https://zjgj.zjcbcm.com
照　　排	浙江大千时代文化传媒有限公司
印　　刷	浙江新华数码印务有限公司
开　　本	880mm×1230mm　1/32
印　　张	5.625
字　　数	103 千字
版　　次	2024 年 5 月第 1 版
印　　次	2024 年 5 月第 1 次印刷
书　　号	978-7-5540-2958-9
定　　价	24.00 元

如发现印装质量问题，影响阅读，请与市场营销部联系调换。